心一堂彭措佛緣叢書・索達吉堪布仁波切譯著文集

藏傳佛教問答錄

索達吉堪布仁波切　作者

Śūnyatā

書名：藏傳佛教問答錄
系列：心一堂彭措佛緣叢書・索達吉堪布仁波切譯著文集
漢譯：索達吉堪布仁波切
責任編輯：陳劍聰

出版：心一堂有限公司
地址/門市：香港九龍尖沙咀東麼地道六十三號好時中心LG六十一室
電話號碼：+852-6715-0840　+852-3466-1112
網址：www.sunyata.cc　publish.sunyata.cc
電郵：sunyatabook@gmail.com
心一堂 彭措佛緣叢書論壇：　http://bbs.sunyata.cc
心一堂 彭措佛緣閣：　　　http://buddhism.sunyata.cc
網上書店：　　　　　　　http://book.sunyata.cc

香港及海外發行：香港聯合書刊物流有限公司
地址：香港新界大埔汀麗路三十六號中華商務印刷大廈三樓
電話號碼：+852-2150-2100
傳真號碼：+852-2407-3062
電郵：info@suplogistics.com.hk

台灣發行：秀威資訊科技股份有限公司
地址：台灣台北市內湖區瑞光路七十六巷六十五號一樓
電話號碼：+886-2-2796-3638
傳真號碼：+886-2-2796-1377
網絡書店：www.bodbooks.com.tw
台灣讀者服務中心：國家書店
地址：台灣台北市中山區松江路二〇九號一樓
電話號碼：+886-2-2518-0207
傳真號碼：+886-2-2518-0778
網路網址：http://www.govbooks.com.tw/

中國大陸發行・零售：心一堂・彭措佛緣閣
深圳地址：中國深圳羅湖立新路六號東門博雅負一層零零八號
電話號碼：+86-755-8222-4934
北京流通處：中國北京東城區雍和宮大街四十號
心一店淘寶網：http://sunyatacc.taobao.com/

版次：二零一四年十月初版，平裝

定價：　港幣　　　　七十八元正
　　　　新台幣　　　二百九十八元正

國際書號 ISBN 978-988-8266-95-1

目錄

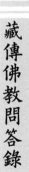

藏傳佛教問答錄

為什麼學佛？

思考題

1、什麼是佛？如果有人不相信佛陀在人間出現過，你怎麼說服他？

2、了解佛陀的這些歷史，對你有什麼幫助？除此之外，你還知道佛陀的哪些事蹟？

3、什麼是佛法？不學佛有哪些過失？學佛有哪些利益？對此你有什麼體會？

藏傳佛教問答錄

頂禮本師釋迦牟尼佛！

頂禮文殊智慧勇識！

頂禮傳承大恩上師！

無上甚深微妙法　百千萬劫難遭遇

我今見聞得受持　願解如來真實義

為度化一切眾生，請大家發無上殊勝的菩提心！

今天借此題目，簡單講一下佛教的基本道理。

（一）什麼是佛

為什麼學佛？

　　作為一名佛教徒，對於佛陀的偉大，佛陀的智慧、大悲、救度眾生的能力，都是必須要知道的。如果不了知佛陀的不共特點，反將其與外道、名人、天神、仙人等相提並論，那說明你還不認識佛陀的本來面目。因此，身為一個佛弟子，首先務必要了解自己所皈依的對境——佛陀。

　　從世間的角度來講，佛陀這一偉大人物，在人類歷史上確實出現過。關於他的出世年代，藏地、漢地乃至全世界的智者，所持的觀點各有不同。僅僅在藏地，格魯派的克珠傑、薩迦派的薩迦班智達、寧瑪派的全知麥彭仁波切，及其他教派的諸位大德，由於所根據的曆算

不一樣，故推出來的結果有很大差別。而從世界範圍來講，小乘各派與大乘佛教之間，對此也有極大的爭議。

鑒於此，1950 年「世界佛教徒友誼會」在斯里蘭卡召開了第一次會議，會上決定：佛陀的出世年代雖說法各異，但為了證明這段歷史，也為了便於大多數眾生接受，統一規定佛陀降生於公元前 623 年，圓寂於公元前 543 年，並以此為標準制定了佛曆。按照這個來推算，今年（2010 年）是佛曆 2554 年。

在過去那段時間裡，佛陀儘管曾以人的形象出現於世，但他並不單單是印度王子這麼簡單，在往昔的無量劫中，他行持布施、持戒、安忍、精進、禪定、智慧等六度萬行的行跡無法衡量，這一點，看過《釋迦牟尼佛廣傳》的人都很清楚。不過，今天我們暫且不提這些，只是看一下在這個世間上，佛陀是如何示現的？

在漢地，據史料記載：佛陀於周昭王 24 年降生，周穆王 53 年入滅。而佛教正式傳入中國，則是在六百多年後的漢明帝時期。佛教既然如此殊勝，為什麼這麼晚才傳到中國呢？公元 67 年，攝摩騰和竺法蘭馱經書來到洛陽，漢明帝在為他們建造白馬寺後，也問了同樣一個問題。攝摩騰尊者回答說：「其實在佛法傳入中國之前，佛陀早已派遣三位菩薩先來中國，結合此方眾生的根基意樂作善巧度化，為將來佛法正式傳播、弘揚奠定了基礎。這三位大菩薩就是：迦葉菩薩化現的老子，儒童菩薩化

現的孔子，光淨菩薩化現的顏回。①」

此外，永明延壽大師在《萬善同歸集》中也引用教證說②：佛陀曾派兩位聖者前往漢土行化，一是迦葉菩薩化現的老子，一是儒童菩薩化現的孔子。這樣看來，佛法尚未傳入中國前，孔子和老子的思想應該是源於佛陀的加持。

那麼，佛教的這些時間，在藏地又是如何對應的呢？大家都知道，藏地最初的國王是天赤七王，雖然關於天赤七王的年代，歷來說法不盡相同，但根據可靠的《藏族通史·吉祥寶瓶》描述，這一時代始於公元前825年，結束於公元前545年，正好包括了佛陀降生至涅槃的時間。

不過也有史料說：「釋迦牟尼佛出世時，藏地是一片汪洋大海，佛經中授記：這個海慢慢乾涸後，紅面人類才會在此繁衍生息。所以，佛陀降生時，藏地還沒有人類。」但是對照歷史來看，這種說法恐怕有一定的密意。因為藏地苯教的創始人辛饒米沃且，有說與佛陀同時代

---

① 《佛祖統紀》云：「清淨法行經云：月光菩薩彼稱顏回（別引法行經本稱光淨菩薩），光淨菩薩彼稱孔子（別本稱儒童菩薩），迦葉菩薩彼稱老子（別本云：迦葉應生震旦示號老子，設無外之教以治國，假神仙之術以治身）。此止觀輔行二處之證也。又據藏本冢墓因緣經云：閻浮界內有振旦國，我遣三聖在中，化導人民慈哀禮義具足（本文）。是知此土聖賢前後施化，皆我佛之所使，然而昧者不足以知，覽此二經可不增信善哉。」《佛祖統紀》，宋志磐（號大石）撰，天台一家之正史，收於《大正藏》第四十九冊。

② 《萬善同歸集》云：「起世界經云：佛言，我遣二聖往震旦行化，一者老子，是迦葉菩薩；二者孔子，是儒童菩薩。明知自古及今，但有利益於人間者，皆是密化菩薩。」

4

出世，也有說早於佛陀一千年出世，不管是哪種說法，都表明佛陀在世時，藏地已經有了人類。

當然，對於這些歷史，我們不是考古學家，故沒必要去刨根究底。之所以給大家介紹這些，也是因為作為佛教徒，這些基本常識應該要明白。不然，一旦有人問起：「釋迦牟尼佛在藏地是什麼王朝出現的？漢地是什麼王朝出現的？」好多人一問三不知，只能硬著頭皮說：「反正就是來過人間……」具體時間卻說不清楚，這是值得慚愧的。

佛陀在印度的迦毗羅衛國降生後，按照《寶性論》的觀點③，在共同所化眾生面前，主要示現了十二相：一、降天；二、入胎；三、誕生；四、長大精通工巧學；五、持王位，喜享妃眷；六、出家；七、六年苦行；八、入於金剛座；九、降伏魔眾；十、大徹大悟；十一、轉大法輪；十二、示現涅槃。這樣的佛陀，是眾生真正的導師。

那麼，「佛陀」是什麼意思呢？它在梵語中發音是「布達」，漢語譯作「佛陀」，藏語稱為「桑傑」，是正覺者之義。所謂正覺者，「正」是糾正一切罪障，「覺」是覺悟一切智慧。其中，覺又有自覺、覺他兩層含義，「自覺」是自身已徹底通達宇宙萬物的真相；「覺他」則是依靠這種智慧宣說佛法，令無量無邊的眾生脫離苦海。

因此，在這個世間上，唯有佛陀，才能從根本上拔

③《寶性論》云：「天界出生聖白幢，從於兜率天宮降，入於母胎及降生，善巧通達工巧處，王妃眷屬中嬉樂，出家修習諸苦行，往詣菩提道場中，降伏一切諸魔軍，圓滿菩提轉法輪，趣入大般涅槃界。」

藏傳佛教問答錄

除所有眾生的痛苦。這並非因為我們是佛教徒，就拼命讚歎自己的本師，以此吸引更多的人加入佛教。其實佛教的精神是開放的，眾生選擇信仰是自由的，不像個別宗教那樣通過武力等迫人入教。甚至佛教中還規定：「無信心者勿說法。」對沒有信心的人，都不能給他宣說佛法，只有具緣者才可以度化。

在一切人天中，佛陀是唯一的導師。《華嚴經》云：「唯除等正覺，最勝尊導師，一切天人中，無可歸依者。」所以，要想獲得暫時與究竟的安樂，唯一應皈依釋迦牟尼佛，只有這樣，無始以來的罪業、痛苦、煩惱才能一一遣除。所以，我們有幸值遇佛法、皈依佛陀，確實福報相當殊勝。

關於佛陀是否存在，曾經也有這樣一則故事：一次，某國王故意刁難一位比丘：「你跟佛陀又不是同一時代，也沒有見過佛陀，怎麼知道有沒有佛陀這個人呢？」

比丘反問道：「大王，您的王位是誰傳給您的？」

國王答言：「我父親傳給我的。」

「您父親的王位是誰傳給他？」

「是我的祖父。」

比丘繼續問：「這樣一代一代往上追溯，您是否相信您的國家有一位開國君主？」

國王回答：「當然相信！」

「您見過他嗎？」

「沒有見過。」

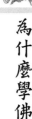

「沒有見過怎能相信呢？」

「我們的開國君主制定了典章、制度、律法，這些都有歷史記載。所以，雖然我沒見過他，但是，我相信他一定存在。」

比丘微笑著說：「同樣，我相信佛陀確有其人，也是因為佛教中有佛、法、僧，有經、律、論等《大藏經》，有佛陀所制定的戒律和歷史事蹟，所以佛陀絕不是虛構的人物，這個道理與你們有開國君主是相同的。」

國王聽了以後，心服口服。

現在世間也有很多人，由於以前「文革」的影響，根本不相信佛陀存在。我們作為佛教徒，為了遣除人們的這種懷疑，一定要多看相關的歷史資料，和佛陀所宣說的可靠經典，以了知佛陀在眾生面前如何示現。

實際上，佛陀來人間也是有跡可循的。如果你去朝拜印度聖地，就會見到佛陀降生的藍毗尼花園，六年苦行的尼連禪河，證悟成佛的金剛座之菩提樹，弘揚顯宗教法的鹿野苑、靈鷲山、廣嚴城等，宣講密宗《時輪金剛》的南方米積塔，示現涅槃的拘尸那伽之雙娑羅樹……這些遺蹟至今仍保留著。由此足以證明，在 2500 多年前，偉大的佛陀曾來到這個人間，為無量眾生轉了三轉法輪，開示了密宗的不共教言，同時也留下了大量的文字典籍。就拿藏文《大藏經》來說，現在雖有各個不同版本④，但

④德格印經院是103 函；《大藏經》對勘局是108 函。

公認的有 103 函。而在漢地，佛陀的教言也都完整無損地留存於世。面對這些事實，假如你還不承認佛陀的存在，那就有點說不過去了。

（二）什麼是佛法

1、不學佛的過失

如果我們沒有學佛，來世間只是追求權力、地位、財產、感情、家庭，人生幾十年很快就過了。假如人死如燈滅那還好，但關鍵是事實並非如此，我們的心識還要隨業力在輪迴中不斷流轉，這一點依靠教證、理證完全可以成立。既然來世是無疑存在的，大家若對它的苦樂不加關心，就實在太愚癡了。《諸法集要經》中云：「愚人無正智，如盲處黑暗。」愚癡的人沒有正確的智慧，就像盲人處於黑暗中一樣，根本不懂取捨因果。以至於大多數人造了太多不善業，死後只有墮入惡趣，感受難忍的痛苦。誠如《四百論》所言：「由於諸人類，多持不善品，以是諸異生，多墮於惡趣。」《大般泥洹經》亦云：「愚夫邪見，向惡趣門。」

其實，佛法所講的宇宙人生之真相，最主要的目的是引導我們「離苦、得樂」。快樂分暫時和究竟兩種，暫時的快樂只是有吃有穿、身體健康、心裡舒服，而究竟的快樂，才能斷除輪迴的一切痛苦。人們要想獲得這

種快樂，就要明了「苦、集、滅、道」四諦──認識痛苦，尋找苦因，以道諦斷除苦因，現前滅諦智慧。它涵攝了佛法的所有教義，只有通過這樣修行，才能遣除輪迴的各種黑暗。

因此，我們首先要懂得，若沒有學習佛法，就不會有真實的快樂。《華嚴經》也說：「世界若無佛，及眾賢聖人，彼諸群生類，無有一切樂。」

2、學佛的利益

那麼，學了佛又有什麼好處呢？並不像世間人所認為的，只是為了治病、算命、打卦、搞些儀式。要知道，佛法的根本教義，是「諸惡莫作，諸善奉行，自淨其意」，這一點特別重要，每個人務必要清楚。

在唐朝，大文豪白居易曾去拜訪鳥窠道林禪師。他問：「什麼是佛法大意？」

禪師回答：「諸惡莫作，諸善奉行。」

白居易聽了十分失望：大名鼎鼎的鳥窠禪師，怎麼會如此平常，毫無玄妙高超之處？於是不悅地說：「這是三歲小孩也知道的道理。」

禪師說：「三歲小孩雖曉得，八十老翁行不得。」

可見，「諸惡莫作，諸善奉行」這句話，誰都會說，但每個人若捫心自問：自己是不是能真正做到？大多數人可能都非常慚愧。所以，學佛不能只停在口頭上，而

一定要落到實處。

　　不過從另一個角度來看，今生有緣能遇到佛法，確實是十分幸運的。佛教的不共殊勝之處，並不是我們讚歎自己，而是古往今來無數智者共同認可的，也是世界許多宗教一致承認的。尤其是前不久我在課堂上也講過，2009 年 7 月，國際聯合宗教會在日內瓦召開了會議，200 名宗教領袖通過投票表決，一致認為佛教是「世界上最好的宗教」，並授予了「最佳宗教世界獎」。對於這一結果，穆斯林、天主教、猶太教的代表都紛紛表示：佛教得此殊榮並不希奇，因為在過去的歷史中，從未以佛教名義發生過任何一場戰爭，且佛教全是以慈悲為懷的理念，幫助天下一切眾生。當時參會的佛教代表，雖然只占極少數，但得票數與呼聲卻是最高的。

　　既然佛教如此殊勝，關於它的未來發展，我們也應該有所考慮。現在有些人認為，佛陀的教法就夠學了，世間的學說和知識不必去了解；另一部分人則覺得，佛教的原始教理不太重要，應該將佛教人間化。其實這都是墮入一種極端。對於佛教的未來，我們應在完整具足佛教見修行果等理論和實修的同時，與時俱進，跟上社會的發展步伐，將二者有機地融合起來，這樣才能使佛教得到更好的弘揚。

　　其實，佛教的了不起，不是我們誇誇其談，的確是「如人飲水，冷暖自知」。在座的道友也可以想一想，如果

為什麼學佛？

你沒遇到佛教，現在可能會有許多痛苦，而正是有了佛法的引導，你生理、心理、生活上的暫時痛苦才得以解除，並依靠這一因緣，最終在生死苦海中才有出頭之日。因此，大家一定要明白學佛的重要性。學佛所能帶給我們的，除了快樂，沒有別的。在茫茫無邊的輪迴中，它是唯一的解脫津梁，故智者理應選擇佛法。《別譯雜阿含經》云：「唯有入佛法……是則歸依處。」

尤其是現如今，天災人禍頻頻出現，世間災難此起彼伏，在這種環境下，我們雖不排斥其他宗教的作用，但佛教的精神是最管用的。我今天聽到一則消息，說是印度一架飛機降落時衝出跑道，至少造成 160 人死亡。還有前幾天的玉樹地震，死了好幾千人，汶川地震也死了五萬五千多人，海地地震死了二三十萬人（另說是五十萬人），印尼海嘯死了近三十萬人……這些人都與我們骨肉相連，然而一旦發生自然災害，他們的生命瞬間就會失去。這些無常的道理，佛陀早就告訴過我們，同時也告誡人們要取捨因果，否則，如果再這樣下去，恐怕將來的痛苦還會越來越多。

總而言之，今天講了兩個問題：認識佛陀和認識佛法。以上只是簡單介紹了一下，希望大家對此有所了解！

怎麼樣學佛？

思考題

1、在學佛的過程中，我們應具足哪幾個要素？各自起到什麼作用？請一一說明。

2、有些人認為：「佛法自學就可以，沒必要去依止善知識。」這種觀點正確嗎？為什麼？你是如何依止善知識的？

3、為什麼說發大心利他的話，自己也很容易成就？你對此有哪些體會？

怎麼樣學佛？

頂禮本師釋迦牟尼佛!

頂禮文殊智慧勇識!

頂禮傳承大恩上師!

無上甚深微妙法　百千萬劫難遭遇

我今見聞得受持　願解如來真實義

為度化一切眾生,請大家發無上殊勝的菩提心!

　　前面從兩方面闡述了什麼是佛、什麼是法。尤其是佛法,指釋迦牟尼佛的八萬四千法門,它可攝於九乘法門、三乘法門,或者分為顯宗、密宗法要。這樣的佛法,大家一定要認識,不然,有些人趨入顯宗而不了解密宗,就認為密宗的法不殊勝、不究竟,對此產生各種誹謗,這是非常不合理的。我們對任何一個事物,不了解之前絕不能輕易誹謗,否則,且不論佛教的因果如何可怕,單單是世間倫理也說不過去。英國文學家莎士比亞就講過:「千萬不可妄自評論你所不知道的道理,否則,你可能會用生命的代價,來補償你所犯過的錯誤。」

　　佛法包括顯宗和密宗,只有將這二者圓融無違地修學,學佛才會很全面。不然,你只學習密宗,卻不了解顯宗;或者,只喜歡顯宗,而排斥密宗;又或,只接受顯宗的小乘法門,對大乘教法一概否定,這樣的學佛都不完美。因此,你如果自稱為一個佛教徒,就要圓滿地修學佛法。

藏傳佛教問答錄

13

就好比學習世間的知識，讀完小學、中學之後，只有再讀上去，才算是學業完整。所以，我們一定要全面地了解佛教。

假如你想詆毀某個法門，至少也應先親自研究一番，看它的教義是否不合理。倘若真是如此，到時再誹謗也不遲。打個比方說，你看我錢包裡有些東西，但根本沒翻過，就斷言「錢包裡的錢全是假的」，這讓別人怎麼相信？如果你說「我是聽別人講的」，或者「我估計是假的」，那就極為愚蠢可笑了。同樣的道理，不論是藏傳佛教、北傳佛教、南傳佛教，大家不要在不了解的情況下隨意詆毀，否則，除了有很大過失以外，只能說明你不認識佛教。

那什麼是佛教呢？昨天也講了，佛教的教義歸納起來，是「諸惡莫作，諸善奉行」，在此基礎上再「自淨其意」，這就是所謂的佛教。以前我給很多有緣道友發過一張釋迦佛的唐卡，下面就附有這個偈頌。此偈雖然看似簡單，但涵蓋了佛教的全部教義，所以，你們千萬不要覺得它很好懂而輕忽了。

今天我們繼續講，這樣的佛法怎麼樣修學。此問題從三方面來闡述：一、依止善知識；二、發菩提心；三、次第聞思修行。這三個內容，可以說是修學佛法的三個要訣。

怎麼樣學佛？

（一）依止善知識

　　大家要明白，學佛必須依止一位具有智慧、悲心、經驗豐富的善知識，否則，依靠自力想通達佛教的教義相當困難。世間人接觸不了知的領域，尚且需要一個引路人，如學知識要找老師，治病要找醫生，開車要找司機……那我們修學佛法時，善知識更是必不可少了。《法華經》也說：「善知識者是大因緣，所謂化導令得見佛，發阿耨多羅三藐三菩提心。」

　　當然，在依止善知識之前，首先務必要觀察，要尋找一位有德行的人。如果你特別著急，剛聽到某人的名字，剛剛見到他，就認定他是善知識，馬上特別激動地去依止，這樣會比較草率。《事師五十頌釋》中講過，依止上師之前，師徒間要互相觀察六年或十二年。以前元帝忽必烈依止八思巴為上師時，就很有智慧，他觀察六年後對上師說：「我觀察您六年了，現在確信您是一位具德上師，請收我為徒吧！」八思巴回答：「你觀察了我六年，我也要觀察你六年。」

　　可見，若要了解一位善知識，並不是一天兩天就夠了，必須要經過長期觀察。而且，你在觀察善知識時，不能以神通強、長相好、口才棒、財富多、威望高、名氣大為衡量標準，關鍵要看他能否引導眾生斷惡行善。《大般涅槃經》中云：「善知識者，能教眾生遠離十惡，修行十善。以是義故，名善知識。」若具足這個法相，這樣的善知識就可

藏傳佛教問答錄

以依止。可是有些人並非如此，遇到一個上師就隨便依止，過兩天看他有許多過失，又開始極力誹謗，這種行為非常不合理。不過，這就是末法時代的標誌。

有人或許認為：「依止善知識是多此一舉，我自學佛經就可以了。」這種想法不正確。佛法不可能以自力來通達，自古以來的佛教歷史上，沒有一個人能以自力證悟。佛陀在《華嚴經》中亦云：「譬如暗中寶，無燈不可見，佛法無人說，雖慧莫能了。」譬如漆黑暗室中的寶物，沒有燈光則無法照見，同樣，佛法中的甚深教義，若沒有具證善知識的開示，縱然你才華橫溢、智慧超群，也不可能通達，更無法趨入解脫正道。因此，有些人不要以為自己很有智慧、很了不起，你若想修學真正的佛法，必須要依止一位善知識。

在我的一生中，最幸運的有兩件事：一是遇到了佛法；二是依止了法王如意寶等很多具修證的善知識。錢財、名聲等虛幻不實的東西，自己雖然也得過很多，但這些都沒什麼意義，最有意義的就是這兩者。所以，大家在修行過程中，千萬不能捨棄善知識。《大寶積經》說過：「能捨惡知識，親近善知識，菩提道增長，猶月漸圓滿。」只有親近善知識、遠離惡知識，我們相續中的菩提心、大悲心、信心、智慧，才會如初一到十五的上弦月般，越來越增上、越來越圓滿。因此，道友們有機會依止善知識時，一定要好好珍惜！

（二）發菩提心

　　學習佛法最根本的就是發心。所謂發心，其實就是制定目標，比如你想前往拉薩，方向和目的地一定不能弄錯。佛法就像個超級市場，內容十分豐富、應有盡有，無論你是要發財、要治病、要解脫，在裡面都可以得到，而每個人最後所得的之所以不同，就是因為各自的目標不一樣。我們作為大乘行人，學佛時一定要利益眾生，千萬不能困於自利的發心。只要你把方向搞對了，有了大乘的發心，那麼成就一定很快。

　　大乘的發菩提心，其實不僅為藏傳佛教所重視，漢傳佛教也有許多這方面的教言。如印光大師言：「菩提心者，自利利他之心也。此心一發，如器受電，其力甚大，而且迅速；其消業障，增福慧，非平常福德善根之所能比喻也。」省庵大師在《勸發菩提心文》中也說：「言多善，則莫若發廣大心……發大心，超過修行歷劫。」

　　所以，以自利心修學佛法，即使有成就也不大，而只有發心為利益一切眾生成佛，這種力量才不可思議。如今學佛的人有很多，但以利他心攝持的卻很少，正因為他們最初的發心錯了，以致最後的果也不圓滿。就好比你只想待在成都，不想前往拉薩，這種發心就把你限制在那兒了。因此，我們現在雖然是凡夫人，難免有自私自利，但只要有一個廣大的誓願，力量自然也就大了。

藏傳佛教問答錄

如同台灣的證嚴法師，雖然看起來瘦瘦的，似乎只是個普通的比丘尼，你在路上碰到了都不一定跟她打招呼。但因為她的發心極為廣大，所以力量非同小可。看到「慈濟」在全球的事業，當初很多人問她靠什麼力量，她回答說：「願大力就大。」可見，心的力量的確不可思議，《華嚴經》也說：「欲得一切佛，明淨智慧燈，應建弘誓願，速發菩提心。」要想獲得一切佛的智慧，就要先建立宏大的誓願，速速發起度化無邊眾生的菩提心。

昨天有個人跟我說：「我要建立一個慈善機構，一定要利益眾生！」我試探她說：「這個還是很難吧，不是那麼容易吧？」但她的誓言很堅定，我見後也暗自高興。我們做利益眾生的事情，就要有這樣的心力，不能遇到一點點挫折就畏縮，發願力也變得越來越小，像分子、原子、原子核、夸克……最後就沒有了。其實只要你心夠堅強，任何困難、痛苦都可以轉變。有句格言說得好：「只要心能轉變，世間就可以變得美好。」因此，只要心能承受一切，就沒有面對不了的事。即使你這輩子做不成，那就下輩子；下輩子還不行，再下一輩子……就像佛陀在因地時多生累劫利益眾生一樣，只要有不退的誓願，最終一定能呈現出宏大的事業。

有些人可能是接受過外道或小乘的原因吧，一直發不起大心來，甚至聽到大乘廣大的發心和行為，就有點害怕、擔心、猶豫、困惑。實際上，這種心態是可以改

怎麼樣學佛？

變的，只要你經常串習利益眾生的念頭，這些就慢慢可以消失。其實不管你修哪一個法門，利他心都特別重要。現在有些學淨土宗的人，認為自己往生就可以，其他眾生都不管。如果你有這種想法，那絕對無法往生。且不說藏傳「往生四因」中必須要有菩提心，就連漢傳的弘一大師也說過：「唯求自利的人，不能往生。」因此，求往生者一定要發菩提心。如果你能放下自私自利，一心一意幫助別人，勸人念佛、行善，即使自己積累的善根不多，來世也很容易往生。

宋朝的王龍舒居士在《龍舒淨土文》中，就講過這樣一則公案：唐朝有個人叫房翥，有一天忽然死去，神識到了陰曹地府。閻羅王接見他時說：「你一輩子行持的善法不是很多，但因曾勸一位老人念佛，這個老人現已往生。以此功德，你也可以往生。」房翥說：「我發願要念一萬遍《金剛經》和朝五台山，這兩個願沒有完成，現在還不想往生。」閻羅王說：「誦經、朝山固然是好事，但總不如早日往生好。」房翥沒有回答，閻羅王只好放他回到人間。（如果是我，肯定高興壞了，馬上選擇往生。）由此可見，勸人念佛往生的功德非常大。

此文還引用《勸修西方偈》說⑤：「若能勸兩人念佛行善，超過自己精進的功德；勸十人行善，有無量的福德；

---

⑤《勸修西方偈》云：「能勸二人修，比自己精進；勸至十餘人，福德已無量；如勸百與千，名為真菩薩；又能過萬數，即是阿彌陀。」

勸千百人行善，是真正的菩薩；勸萬餘人行善，此人即是阿彌陀佛。」現在有些人號召力很強，動員別人做善事一呼百應，大家都紛紛行動，這也是諸佛菩薩的加持入於心，諸佛菩薩之事業可以展開的一個標誌。既然利他心有如此的功德，大家就應共同發願行持善法，有機緣的時候，一定要度化眾生。

我希望在座的道友，從今天開始，應該發願：「為利益一切眾生，我要示現成佛！」不然，你學佛幾十年，全都是為了自利，臨死時還在貪執自己，修行絕對不會成功。而有了利他心就完全不同了，縱然你沒有為自己做很多事，修行自然而然也會成就。所以，大家一定要為利益眾生而發願。

此外，你們在實際行動中，能不能至少勸一個人行持善法？我想在座的每一個人，能力雖然千差萬別，有些人只要振臂一呼，當下應者雲集；而有些人即使磨破嘴皮，說上一百遍，連最親的父母、孩子、親友也無動於衷。但不管怎麼樣，只要你發心不退，在這一輩子中，至少勸一個人皈依佛門應該沒問題。

總而言之，修行要用利他的菩提心來攝持，這一點非常關鍵。否則，即使你依止了善知識，但如果發心不對，每天都是為自利而奮鬥，修行的力量恐怕也不強。

怎麼樣學佛？

（三）次第聞思修行

修學佛法必須要有次第，而這個次第，就是聞、思、修。上師如意寶在《忠言心之明點》中也講得很清楚，聞思修是佛教的根本，如果沒有它，人與佛法就很難融合，所以大家對此不能輕視。

1、聽聞正法

我們這些具無明煩惱的輪迴眾生，對於跟貪嗔癡相關的事，生來就有意樂，串習這些也很容易，而出世間的解脫法門，則很難依靠自力掌握，此時就必須依止一位上師，在上師那裡聽受佛法，令心逐漸得以調整。否則，我們相續中的智慧日光，被無始以來烏雲般的濃厚習氣所覆蓋，很難自然而然現前。

關於聞法的功德，《正法念處經》第六十一卷中講得比較多，如云：「以聞法故，心得調伏。」所以聞法能夠調伏自心，而從沒聞過佛法的人，不管是說話、做事，都會與貪嗔癡比較相應，無法趨入出世間解脫。因此，我們首先聽聞正法非常重要，作為智者，乃至命終之前，也要聽受佛法。《正法念處經》云：「是故智者，乃至失命，常應聽法。」薩迦班智達也說：「即使明早要死亡，亦應學習諸知識，今生雖不成智者，來世如自取儲存。」

有些道友聞法的意樂很強，只要是真正的佛法，就

會通過光盤來聽受，其實這跟在善知識面前聽受一樣，甚至比這個還方便。試想，假如你找一位上師親自聽法，戒律中說要依止十二年，這對城市裡的人來說比較困難。而且就算你有這個條件，能始終陪在上師身邊，上師也不可能天天給你傳法。然而，聽光盤就不一樣了，你想聽課的話，隨時都可以聽。依靠這種方便科技，如果你能聽十年課，實際上跟依止上師十年沒什麼差別。

為什麼呢？因為你依止上師，並不是依止上師的身體，也不是依止上師的心，而是依止上師所傳的法。畢竟我們末法時代的眾生，沒有米拉日巴尊者那樣的根基，只靠一種表示就成就了。所以對一般人而言，聽法非常重要，它可以讓我們通達佛法、不造惡業、捨棄無義之事，乃至獲得涅槃。如《大寶積經》云：「多聞解了法，多聞不造惡，多聞捨無義，多聞得涅槃。」

2、如理思維

對於所聽聞的法義，不能只停留在書本上，而要反反覆覆去思考。否則，我們無始以來的習氣根深蒂固，僅僅只聽一兩句佛法，不可能那麼容易對治它。有些人說：「我學佛已經七八個月了，為什麼還有分別、執著、妄想？」其實不要說七八個月，就算七八年也不一定奏效，修行應該是有生之年，如果你沒有這樣堅持不懈，依靠不斷如理思維來調心，習氣則不可能被斷除。

在藏傳佛教中，如理思維的最好方法就是辯論，大家通過互相提問、答疑、探討，就可以遣除相續中的懷疑。《大寶積經》中曾說過：「不如理思維，愚癡無解脫……若如理思維，息廣大煩惱。」可見，如理思維還是相當重要的，沒有它就無法脫離愚癡，有了它則可以息滅廣大煩惱。

大家若要如理思維，就應從人身難得、壽命無常、輪迴過患、因果不虛、皈依三寶、菩提心之利益……一層一層上去，若能如此，最後定可安住於禪宗的明心見性、大圓滿的覺空無二、中觀的離戲空性等境界中。所以，一心一意思維很重要，否則，你聽完一堂課後，什麼都不想就倒下呼呼大睡，這樣肯定收穫不大。反之，你若能好好回想今天講了什麼，對每個道理慢慢去思維、消化，不但會對自相續有利，而且功德也非常大，《佛說寶雨經》云：「如理思維故，即為供養一切如來。」因此，大家聽聞以後，一定要如理思維。

3、如實修行

1）修行之理

假如你依止上師後，僅僅是聽了佛法、稍作思維，卻從來沒有修行過，那也不能斷除煩惱。就像飯是要自己吃的，如果光是看別人吃，或聽別人吃飯的聲音，根本不可能填飽肚子一樣。不過現在很多人不懂這一點，

尤其是學術界的人，只對理論研究很有興趣，成天探討公元多少年發生什麼，這個人跟那個人的時代如何如何……可是對佛經中所講的人身難得、壽命無常、輪迴痛苦、萬法皆空等甚深道理，從來沒有思維過，更沒有修行過，這樣的話，這些內容就無法與自相續融為一體。

佛陀在《華嚴經》中也說過：就像窮人日夜在數富人的珍寶，自己卻身無分文⑥；良醫知道如何開藥方，但自己有了病，不吃藥也治不了⑦；聾子彈奏悅耳動聽的樂曲，但自己根本聽不到⑧……同樣，我們理論上再精通、嘴巴上講得再漂亮，但內在沒有修證的話，還是解決不了實際問題。到了最後，「靠山山會倒，靠河河會乾」，什麼都靠不住。即使你天天求上師加持，但自己不修行的話，煩惱種子也很難斷除。

所以，廣聞和實修比起來，實修更為重要。我們每個人都會面臨死亡，當那一刻到來之時，唯有平時修持的善法才有用，名聲、地位、財富等世人羨慕的對境都無濟於事，只能全部留在人間。我們如今既然有緣相聚，互相信任，我常常考慮對你們最有利的是什麼？眾生的業力各不相同，死時都是各奔東西，誰也幫不上誰，我現在唯一能做的，就是勸大家行持善法，這遠遠超過給你們金銀財寶。

---

⑥《華嚴經》云：「譬如貧窮人，日夜數他寶，自無半錢分，多聞亦如是。」
⑦《華嚴經》云：「譬如有良醫，具知諸方藥，自疾不能救，多聞亦如是。」
⑧《華嚴經》云：「譬如聾瞶人，善奏諸音聲，悅彼不自聞，多聞亦如是。」

因此，我內心非常希望大家：從現在開始，抓住機遇學習佛法，不要天天忙於世間瑣事。現在很多人都是在用「生命」賺錢，但你的生命又能維持多久？大家不妨想一想。你以分別念計劃的有些事，不要說這一輩子，可能千百世也做不完。故而，世間的很多事情，我們只能選擇一部分重要的、非做不可的去做，尤其是家庭、社會的一些責任，有些人必須要承擔，而至於其他的，就應該有所取捨。

所以，我不會勸所有的人都出家。其實我若多講些出家的功德，等一會兒下課後，可能會有好幾十人跑來剃度。但我並不這麼強調，因為出家需要認真觀察，絕非一時的衝動。如果你因緣具足，到山裡出家也未嘗不可，但若暫時沒有這種因緣，那也應以在家的身分，安排好自己的修行。對每個人來說，儘管各自的工作壓力、生活情況不相同，但肯定都有一分自己的空間，若能從中抽出一點，把它用於修行方面，這對你的死亡和來世才真正有意義。

在佛陀時代，曾有兩個比丘，一個聽聞佛法後就去實修，結果證得阿羅漢果；而另一個只注重聞思，不重視修行，一直在字面上耽著，時間久了，他成了有名的三藏法師，座下有五百名弟子。

有一次，三藏法師想用些難題難住那位阿羅漢，從而抬高自己的身分，當眾羞辱他不懂佛法。佛陀了知他

藏傳佛教問答錄

的用心後，不忍他如此造業，便前往二比丘住的地方，一再讚歎那位阿羅漢的功德。當時，三藏法師的弟子們很不平，議論佛陀為何讚歎那個什麼都不懂的長老，卻對熟讀經典的三藏法師不讚一詞。

佛陀知道他們的心思後，便開示道：「在我的教法中，你們的法師猶如被雇來看管牛的人，而這位阿羅漢長老，猶如獨自擁有牛的主人一般。」弟子們聞後恍然大悟，原來只說不修是不行的。

通過這個公案可以了知，修行才是最重要的。只是口頭上誇誇其談的學者，最多不過像僕人一樣，自己沒有任何東西。所以，我們作為修行人，應該成為法的主人。

2) 修行之方便

在修行過程中，顯宗、密宗的法門特別多，但最契合我們，對直斷煩惱、往生淨土最有幫助的，應該是淨土宗、禪宗、密宗。在修持這些法門時，我們一定要有方便方法，若以殊勝竅訣來攝持，便可如《華嚴經》所言：「以一方便，入一切佛法。」

以前有位弟子向趙州禪師求法：「我非常困惑，請您給我指點開悟之道。」禪師問他：「你米粥喝了嗎？」他說：「喝了。」「那就去洗碗吧。」聽到這句話，弟子當下開悟了。所以，弟子的信心與上師的方便法聚合時，稍稍一句話，也可以讓人明心見性。

還有一個弟子問百丈禪師:「您能教我如何修行嗎?」禪師回答:「餓了, 就吃飯; 累了, 就休息, 不需要文字和語言。」弟子依此慢慢思維修行, 結果就開悟了。

不光禪宗有這種開悟的方便, 密宗也有一些特殊的行為。例如, 第四世多竹欽在 12 歲時, 上師命令他喝酒。他剛開始不敢喝, 後來想到上師跟佛沒什麼差別, 就一口氣把酒喝了, 以此瞬間證悟了心性。

還有一個獵人叫達吉, 他經常牽著國王的獵狗在森林裡打獵, 獵殺了難以計數的鹿子、獐子等野獸。他自認為是打獵高手, 常在欽則益西多吉面前誇耀, 尊者也饒有興趣地聽著。有一次他獵殺了一隻鹿, 又來到尊者面前炫耀。尊者見狀, 脫下鞋子, 抓住他的胸口, 用鞋在他臉上狠狠地扇了五下。當時他就昏厥在地, 醒過來之後, 上師的一切證悟已完全融入其心, 他成了一名具證的大成就者。

這樣的事例, 不是一種傳說, 而是真真實實發生過的。所以, 有了以智慧攝持的方便, 開悟並不是那麼困難。《法王經》中說:「若有慧者, 則方便解; 若無慧者, 則方便縛。」如果是有智慧的人, 一些竅訣可令其馬上解脫, 比如上師跟他說「吃飯、走路」, 甚至把鞋脫下來重重打一下, 他當下就開悟了。但對沒有智慧的人而言, 方便就會成為束縛, 不要說用鞋子打, 就算上師給他傳密法中最殊勝的竅訣, 他也會對上師生邪見誹謗, 最終讓自己墮入

藏傳佛教問答錄

地獄。所以，竅訣還是要靠智慧來掌握，這一點相當重要。

以前藏傳佛教中有個人，一直懇求上師給他講最甚深的竅訣。後來上師跟他說：「我也會死！你也會死！」——假如是有邪見的人聽了，肯定不屑一顧：「這個我早就懂，算什麼竅訣？」但那個弟子對此真的生起了信心，想到自己總有一天會死亡，於是精進修持善法，最後已經開悟了。

可見，開悟說起來似乎也並不難，但我們作為普通修行人，有生之年還是要聞思修行，只有這樣，才不會浪費自己的一生。不然，倘若你捨棄了善法，今生也就白過了，如經云：「若人捨善法，今生則虛過。」現在你們這麼多人行持善法，我見後發自內心地高興，這比什麼都讓人開心。大家若能一直如此，就不會天天殺生、造惡業，前途必定是光明的。很多人學佛後有深刻的體會：「我遇到佛法真幸運！不然，這一輩子在無明、煩惱、業力的束縛下，恐怕還要造無數的業，最終招致無邊痛苦，太可怕了！」所以，大家有緣依止善知識修學佛法時，一定要學會珍惜。

總之，在學佛的過程中，各位一定要先認識佛陀，並了解佛法到底是什麼；然後這樣的佛法要靠上師開示，自己同時要發菩提心、聞思修行。只有依照這種途徑，修學才會穩固有序地向前邁步。否則，隨便打亂這種次第，修什麼法都不會成功。

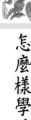

怎麼樣學佛？

我本人而言，雖不是什麼智者或大成就者，但依止上師的時間，比大家稍微長一點。就像一個開車的司機，時間久了的話，技術應該會不錯——不過我的時間雖長，技術也不一定就好。但不管怎麼樣，在我這一生中，年輕時有福報依止上師，對佛法有特別大的信心，對佛教的教理也有堅定不移的正見，若把這些與大家分享，對社會也好、個人也好，應該只有利益，不會有任何害處。假如你們通過學佛，有了健康的身心，在生活中遇到什麼都能快快樂樂、心平氣和地面對，這就是幸福，這就是美好！

藏傳佛教問答錄

什麼是密宗？

1、現在社會上，人們對密宗有哪些誤解？請舉例說明。對此你該如何駁斥？

2、在澄清人們對密宗的邪見時，為何不引用密續中的金剛語，而通篇引用漢地佛經中的教言？依此可以了知，度化眾生時需要什麼樣的善巧方便？

3、通過學習這節課，你最大的收穫是什麼？

什麼是密宗？

頂禮本師釋迦牟尼佛！

頂禮文殊智慧勇識！

頂禮傳承大恩上師！

無上甚深微妙法　百千萬劫難遭遇

我今見聞得受持　願解如來真實義

為度化一切眾生，請大家發無上殊勝的菩提心！

今天我們簡單介紹一些密宗的道理。

疑惑一：密宗為何要保密？

眾所周知，密宗的見解、修行、行為、果位，有甚深、秘密之意，不能隨便公之於眾。之所以如此，續部中說，並不是因為密宗有不可告人的過失，而是因為它特別珍貴、稀罕，許多人對此無法接受。

就像你所擁有的最昂貴之物，如金子飾品或一大筆錢財，不可能在大眾場合中到處炫耀，生怕別人不知道，而一定會小心翼翼地藏起來，以免被人偷走、搶走、騙走。同樣，密宗由於對我們自己極為珍貴，對別人有時也不一定有利，故應採取保密的態度，這樣所得的利益和加持才是無上的。因此，學習密法的人，自古以來保持隱秘的態度，原因也在這裡。

藏傳佛教問答錄

疑惑二：為何學密的人越來越多？

現在許多人對密宗的信心相當不錯，這一點是有原因的。像法王如意寶、貝諾法王、敦珠法王等，這些公認的大成就者都講過：末法時代，密法對眾生的調伏或者加持極為迅猛。誠如噶托度達所言：「五濁黑暗越深之時，蓮師加持之月越明。」也就是說，時代越趨末法，眾生煩惱越強烈，密法的加持就越熾盛。因此，越來越多的人對密宗生起信心，也是一種大勢所趨。

當然，學密宗的人多了，其他教派的上師、佛友可能有各種非議，有些是以嫉妒心引起不滿，從而隨意誹謗；有些是擔心自己的教派受到損害……但不管怎麼樣，眾生的善根因緣成熟時，密宗開始興盛，令無數人獲得成就，這是誰都無法阻擋的，想阻擋也阻擋不了。所以，學密法的人日益增多時，大家不要製造違緣，就像在顯宗中，真正的釋迦牟尼佛教法被弘揚時，任何一個有善根的人，都不會故意去阻擋，密宗興盛於世也是同樣的道理。

疑惑三：密宗是專搞神通的喇嘛教嗎？

不了解密宗的人，常認為密宗是專講神通、神變或氣功的法門，只是藏地喇嘛修持的教派，甚至還有資料說，密宗又名「喇嘛教」。這些說法都不合理。

第一、把密宗視為搞神通的教派，這是非常可笑的事。我們都知道，密續的內容博大精深，不單單是講些

什麼是密宗？

咒語或儀軌，以開發神通。稍有這方面常識的人都明白，密宗並非如一般人想像得那麼簡單。

第二、說密宗是喇嘛教也不正確。「喇嘛」有無上、出家人、上師的意思，把這套在密宗的頭上，顯然名稱不相合。比如，「喇嘛」若取出家人之義的話，密宗就成出家人的聖教了，這顯而易見不合理，因為學密者不一定都是出家人，在家居士中也有。

疑惑四：密宗是藏傳佛教獨有的嗎？

還有人認為，密宗為藏地所獨有，其他地方都沒有。這也是孤陋寡聞的表現。

其實，密宗不僅在藏地有，漢地也有。據《中國百科全書》記載，玄奘、義淨等高僧都傳譯過密法，後世稱之為「雜密」。後來善無畏、不空等弘傳純粹密教，並正式形成宗派，史稱「純密」。這些都是漢地的密宗。公元 8 世紀，日本的空海法師來唐學法，從惠果法師那裡接受密法後，回國創立真言宗，這叫做「東密」。（這段歷史也有不同說法。）

由此可見，密宗並不僅僅存在於藏地。像印度最初興盛的密宗，根本不叫「藏密」；漢地原有的密宗，也不叫「藏密」。所以說，若認為密宗是藏傳佛教獨有的，這是沒有詳細了解所導致。

疑惑五：學密宗有何必要？

現在人學密宗是很好的事。為什麼呢？因為如今的漢地就像90年代的西方國家，人們特別忙碌，根本沒時間修行，除了修學密宗簡單的修法和儀軌以外，很難系統聞思顯宗的五部大論。在藏地，按照格魯派的傳統，從顯宗基礎開始，直至完整地學完佛法，需要將近24到25年的時間。（其實也不僅是佛教，世間的學業，

從幼兒園到大學本科畢業，基本也要十幾到二十幾年。）但現在看來，這樣長期修學佛法，對末法眾生來講不現實。因此，我們很需要殊勝的密法，如果沒有密法的竅訣、灌頂、理論，僅僅依靠顯宗的教理和儀軌，要度化有緣眾生有一定的困難。

當然，我們也不能一口咬定，說「現在的眾生全是密宗根基」。實際上，也有相當一部分人根本不需要密宗，只靠顯宗的淨土宗、禪宗，便可往生淨土或明心見性。像對一些有信心的老年人而言，即使沒有精通佛教理論，只是一心一意念阿彌陀佛聖號，照樣也可以獲得往生。但對分別念較重的知識分子來說，這種方法就不太實用了。因為他們在自己邪慧的驅使下，會造各種各樣的罪業，此時就必須用藏傳的中觀、因明、俱舍等法門來調伏他們的分別念。

而禪宗，雖然從歷代《高僧傳》來看，的確相當殊勝。但現在學禪的人有個誤區：一不注意的話，很容易墮於

什麼是密宗？

斷見，什麼善事都不做，剛開始就住於如如不動的狀態中。相比之下，密宗就不會這樣，除了極個別的利根者、頓悟者以外，一般來講，修密宗的人都要從加行開始，直至正行認識光明之間，有一步一步的次第，這是比較保險的，不會有任何危險性。

鑒於以上原因，如今學密宗的人越來越多。據一些資料統計，西方國家的佛教徒中，學藏傳佛教的占百分之五六十，學南傳、北傳佛教的各占百分之二十多。現在漢地雖然沒有真實統計過，但大概估計的話，每年學藏傳佛教的人，比起學其他教派和法門的，增長速度要快得多。

既然學密宗的人日益增多，我今天就想提一個建議：希望你們要先懂得密宗的歷史、教義、儀軌，甚至一些簡單的咒語，並在此基礎上，再作深入了解。這一點很重要！現在有些人認為，能念觀音心咒就是密咒大師了；或者看了些《西藏王臣史》、《白史》、《紅史》，就自認為已經懂得密法了；或者只學一兩位上師的傳承、修法儀軌、簡單論典，就覺得足夠了。其實不是這樣的。你若想了解密宗的真相，就應該從歷史、修法等方方面面學習，只有如此，你才會知道，密宗原來有一套非常完整的體系，並非只是一個念咒語的簡單法門。而且，密宗的很多道理，在顯宗中根本沒有提及。我們學顯宗時，處處都有一些疑問，但系統學了密宗之後，就能完全解

開這些謎。

就我個人而言，以前在課堂上也講過，我在學院聞思 20 多年，時間一半用在顯宗上，一半用在密宗上。至於平時的修行，主要是密宗修得比較多，因為顯宗真正要修的話，缺少配套的修行儀軌和方法。比如《中觀四百論》、《中觀根本慧論》，這些根本不知道怎麼修，要修的話，也只能到密宗儀軌裡去尋找。因此，我的修行主要是依靠密宗。而且，自己所得的不共感應和加持，也主要來自於密宗。我想在座的很多佛友，這方面的體會應該比較多。

為了讓大家進一步認識密宗，我想這次的加行如果你們修得比較圓滿，沒有破壞什麼緣起，也沒出現各方面違緣，以後因緣成熟時，我會先從理論上傳一點密法，然後再講些簡單的竅訣。雖然我也知道自己沒有講密法的資格，不僅僅是密法，嚴格來講，連講菩提心的資格，我都沒有。不過，若要等成就之後才能講，可能我這輩子都沒辦法了。《華嚴經》中曾說，聾子彈奏樂器也可以愉悅別人，所以，既然我在很多上師面前，得過密宗的傳承和教言，那把這些傳給有緣眾生，應該也可以利益大家。

什麼是密宗？

當然，你若對密宗沒信心、沒興趣，那就另當別論了；但如果對這方面有興趣，我本人只要對你們承諾了，沒有特殊情況就不會改變。常言道：「君子一言，駟馬難追。」

儘管我不是君子，但是，小人一言，也是四牛難追（眾笑）。你們得到這些教言和竅訣後，就要長期地修行，不能在誓言不清淨、見解不正當、行為不如法的人面前隨意宣揚。

當今時代，密宗非常適合大多數人。以前，上師如意寶在很多地方講《文殊大圓滿》時也說過，密宗是特別簡單的法門，所謂「簡單」， 指這個法門將很多內容攝在一起，以一種最方便的方式讓修行人來受持。就如同世人所說的「文化快餐」，可將一本厚厚的書，依靠簡單的文字傳達所有內容。同樣，大家懂得密宗的見解和修法後，整個佛法也就一覽無餘、瞭如指掌了。所以，密宗的道理確實極為殊勝。

藏傳佛教問答錄

疑惑六：密宗的雙運是否佛說？

現在很多人對密宗有些地方不理解，我們且不說密續對此是怎樣闡述的，僅僅是顯宗的經論中，對這些道理也講得非常清楚，只不過他們沒有好好學而已。就拿降伏、雙運來說，有些人覺得無法接受，在網上也常有各種非議，但這樣肆意誹謗的話，最後只能是後果自負，來世到地獄中感受痛苦。

如果密法真有過失，我們也會實事求是，不會故意隱藏。但事實上，這些過失的確沒有。例如密宗承許的「煩惱即菩提」，即煩惱在認識本面時怎麼變成菩提，這在《大圓滿心性休息》中講了很多教言，你學了之後就會豁然

開悟，不會有絲毫懷疑。其實這個道理，在顯宗的《大集經》⑨、《大寶積經》⑩中也講過，《中觀根本慧論》亦云：「涅槃與世間，無有少分別；世間與涅槃，亦無少分別。」只不過沒有像密宗那樣詳細地講解而已。

那麼，該怎麼理解「煩惱即菩提」呢？比如我們有貪心的話，按照小乘觀點，它是三毒之一，對菩提是有障礙的，永遠不可能成為菩提之因。但在密宗看來，依靠認識它本體的方式，馬上就可以轉化成菩提。這樣的教言，不僅密宗中有，顯宗中也有以隱藏方式宣說的。如《前行》中星宿婆羅門的公案，本來按別解脫戒的觀點，做了不淨行就要墮地獄，但他以菩提心攝持之後，不但沒有墮入地獄，反而還積累了廣大資糧。

這個公案，在《大寶積經·大乘方便會》中也有記載⑪，只是「星宿」的名字叫做樹提。經中說，樹提婆羅

---

⑨《大集經》云：「若解煩惱即解菩提，如煩惱性即菩提性，是菩薩安住正念，無有一法可作分別。」

⑩《大寶積經》云：「若諸經中，有所宣說：厭背生死，欣樂涅槃，名不了義。若有宣說生死涅槃二無差別，是名了義。」

⑪《大寶積經》云：「善男子，我念過去阿僧祇劫復過是數，時有梵志名曰樹提，於四十二億歲在空林中常修梵行。彼時梵志過是歲已，從林中出入極樂城，入彼城已見有一女。彼時女人見此梵志儀容端嚴，即起欲心尋趣梵志，以手執足實時躄地。善男子，爾時梵志告女人曰：姊何所求？女曰：我求梵志。梵志言姊：我不行欲。女曰：若不從我，我今當死。善男子，爾時樹提梵志，如是思惟：此非我法亦非我時，我於四十二億歲修淨梵行，云何於今而當毀壞？彼時梵志強自頓捍得離七步，離七步已生衰愍心，如是思惟：我雖犯戒墮於惡道，我能堪忍地獄之苦，我今不忍見是女人受此苦惱，不令是人以我致死。善男子，爾時梵志又如是思惟已，還至女所以右手捉作如是言：姊起，恣汝所欲。善男子，爾時梵志，於十二年中共為家室，過十二年已尋復出家，實時還具四無量心，具已命終生梵天中。善男子，汝勿有疑，爾時梵志即我身是，彼女人者今瞿夷是。善男子，我於爾時為彼女欲暫起悲心，即得超越十百千劫生死之苦。善男子，汝如是觀彼餘眾生，由愛欲故墮於地獄，行方便菩薩由生梵天，是名菩薩摩訶薩行於方便。」

門於 42 億年在林中常修梵行。有一天他走出森林，來到極樂城，遇到一女人對他生起貪心，非要與他共同生活。他開始時拒絕了，認為不能毀壞梵淨行。但見到女人欲絕身亡的樣子，他不禁心生悲憫，於是捨戒和她結成夫妻，一起生活了 12 年。12 年之後，再次出家。這種貪欲的行為，不但沒讓他墮入地獄，反而「超越十百千劫生死之苦」。這個公案說明了什麼？就是在特定條件下，貪心可以轉為智慧，這一點，佛陀在顯宗經典中也講得很清楚。

日照法師翻譯的《大乘密嚴經》中，也有一句與密宗雙修類似的教言：「與諸明妃眾，離欲常歡娛，此之觀行法，薩埵之境界。」意思是，遠離貪欲的人與明妃們一起享樂，這樣的行為，實際上是菩薩的境界。可見，雙運、降伏並不是凡夫人所能做的，藏傳佛教任何一個正規寺院，都不允許直接行持雙運、殺生。但在密宗的教法中，倘若你修行到了一定境界，這些行為是有開許的。如果你對此無法理解，那只能說明你的智慧跟不上，實際上，當修行人達到最高境界時，確實有這麼一個方便道。

當然，也並不是人人都要行持這種道。以前米拉日巴尊者依止上師後，有一次回到自己的故鄉，發現母親去世了，房子也倒了，他最喜歡的《大寶積經》被雨水淋得七零八落，幾乎成了鳥巢。傷心之餘，他把母親的骨頭作為所依，作了超度，並想把《大寶積經》供養給

藏傳佛教問答錄

從前教他識字的老師。可是到了老師家，他才知道老師也已去世了，於是就把這部經供養給老師的兒子。老師的兒子對他說：「既然你是馬爾巴羅扎的傳承弟子，就應該學你上師那樣享用明妃。不如你去弄一所房子，把你未婚妻結賽娶過來，繼承你上師的宗風，這樣不是很好嗎？」米拉日巴尊者說：「我上師非常了不起，他有這樣的境界，但我沒有。大獅子跳躍的地方，小兔子自不量力跟著去跳，一定會摔死的。」

由此可知，是不是所有密宗行者都能修雙運呢？絕對不是！在這個世界上，米拉日巴可以說是無人不知的大成就者，但他仍不能與馬爾巴羅扎相提並論，可見，雙運並非一般人可以行持。

所以，大家在不了解密宗時，千萬不要對某些甚深行為生邪見。當然，我們畢竟是凡夫人，如果看見一些雙運像，或聽說密宗中有雙修，有些人口頭上不敢說，但心裡卻無法接受。甚至還可能大肆誹謗：「佛教不是講斷貪欲嗎？如此行持的話，跟印度教性力派也沒什麼差別了……」這樣信口開河非常可憐。如果你真的認為雙修是大逆不道，那顯宗經典中「與諸明妃眾」這一段文字，又該怎麼解釋？

疑惑七：視師如佛，是否依人不依法？

有些人認為：「密宗把上師當佛一樣看待，這種做

什麼是密宗？

法不正確。佛教要求『依法不依人』，如果把上師當成佛，一切身口意全依賴於他，那就是『依人不依法』了，四依法就顛倒了。」

這種想法不合理。什麼是四依顛倒？什麼是依人不依法？我講《解義慧劍》時曾分析過⑫，在此就不囉唆了。但把上師視為佛、依止上師而成就的說法，不僅是密宗或藏傳佛教中有，漢地經典中也比比皆是。如《蘇悉地經》⑬云：「弟子之法，視阿闍梨，猶如三寶及菩薩等。為能授與歸依之處，於諸善事，而為因首。現世安樂，當來獲果，為依阿闍梨故。」

《大辯邪正經》中也說：「汝若學此安心妙法，先洹歸依真善知識。何以故？未知者令知亦當歸依真善知識，未覺者令覺亦當歸依真善知識，未悟者令悟亦當歸依真善知識，未通者令通亦當歸依真善知識，未證菩提者令證菩提亦當歸依真善知識。」大家都知道，依止佛陀的話，佛陀能給我們帶來什麼？就是自己以前不了知的會了知，不通達的會通達，未證悟的會證悟。而依止善知識也是如此，所以，善知識跟佛陀沒什麼差別。

還有，《般舟三昧經》云：「當敬於師，承事供養，視當如佛。」

《無二平等最上瑜伽大教王經》云：「了知秘密真實者，

⑫詳見「不具如此慧，如盲依盲人，為名句易了，四依成顛倒」一頌。
⑬《蘇悉地經》、《金剛頂經》、《大日經》，並稱為漢地唐密三大密續。

此阿闍黎佛無異。」

《瑜伽大教王經》云：「所有三世諸佛，皆來詣阿闍梨所恭敬供養。何以故？此金剛阿闍梨，即是一切如來。」

以上皆為漢地經典中的教證，可見，上師確實與三世諸佛無二無別。現在很多人對漢傳佛教的《大藏經》不了解，而我作為藏族人，去翻閱你們的《大藏經》時，才發現視師如佛的教證，其實在漢文經典中多之又多。如果你把這些教言全部拋棄，一味指責密宗對上師恭敬如何不合理，這樣的胡言亂語，一點可信度都沒有。

因此，大家在聞思過程中，一定要排除邪知邪見者的影響。有些人學得不紮實、不穩固，聽到一些似是而非的話語，就被轉了：「哦，的確是這樣，密宗把上師看作佛，絕對不合理！」從此之後，對上師一點都不恭敬，這樣的話，你加持來源的溪流就斷了，若想完全依靠自學，以研究的方式證悟心的本來面目，這是非常困難的。

要知道，密宗有很多開悟的方便，有時依靠上師或證悟者的加持，哪怕是簡單的一句話、一個動作，你心的本體也會當下呈現。到了那時，不管從空性方面還是光明方面，你已經通達了萬法真相，即使所有的智者聚集在你面前否定它，你也不會有絲毫動搖。這一點，對很多道友而言，可能並不會太困難。所以，大家千萬不要捨棄視師如佛的見解。

什麼是密宗？

當然，密宗的甚深境界，也不是所有人都能證悟的。因為密宗所講的清淨、光明，層次比較高，不要說我們，連舍利子最初也無法接受。當時他和螺髻梵王辯論時，舍利子認為釋迦牟尼佛的剎土不清淨，是個具五濁煩惱的世界。但從東方剎土來的螺髻梵王說：「在我的眼中，釋迦牟尼佛的剎土清淨無垢，宛如自在天宮。」他們兩人在爭執不下時，佛陀出來說：「我的器情世界本來就是清淨的，只不過舍利子沒有見到而已。」

這段教言，出自漢地的《維摩詰經·佛國品》，麥彭仁波切在《大幻化網總說光明藏論》中引用過，無垢光尊者在《大幻化網續釋》等中也引用過。其實，此處所講的「萬法皆為清淨」、「煩惱即菩提」之理，並不是每個人都能通達的。由於它的內容很甚深，剛皈依佛門的人絕不會懂，但你不能因為不懂就駁斥它，這是沒有任何道理的。

實際上，如果你學過一些密宗續部，就會明白密法的不可思議。最近我在看《大藏經》，裡面有一部《月明明點續》，麥彭仁波切和無垢光尊者在論著中常引用它。我看的時候，越看越歡喜、越看越來勁，雖不敢說有所證悟，但的確獲得一些不共的加持和境界。該續闡述了很多清淨方面的道理，讓人深刻體會到，這些在顯宗中只是以隱藏方式開顯的，就好比我們讀小學時不明白的一些道理，讀大學時從上往下再看，原來竟然這麼簡單

藏傳佛教問答錄

43

——我不是說顯宗是小學課程，密宗是大學課程，這一點有各種說法，暫時我們不談。但有些問題的深淺、難易，你們也不能否認。當然，也有些人是密宗無法度化的，而若學淨土法門，馬上就能往生面見阿彌陀佛，這樣的眾生肯定有，這也是佛陀轉不同法輪的原因所在。

疑惑八：密宗可以涵攝一切乘嗎？

續部中常說：密宗能涵蓋其他一切乘。對此觀點，有些人不太同意。但宋朝法天翻譯的《最上大乘金剛大教寶王經》中亦云：「彼金剛大乘即攝一切乘，乃至過去、未來、現在亦復如是。」此經還講了八大成就⑭、視師如佛⑮等道理，蕅益大師在《閱藏知津》中也介紹過這部經。

不過，現在漢地的人特別忙碌，對佛經的聞思能力比較差。不像在藏地，每個寺院都有讀《大藏經》的傳統：人死的時候，會為他誦《大藏經》；自己聞思時，也常翻閱《大藏經》。所以，在一些高僧大德所造的論典裡，《大藏經》中不管是密續還是顯教的教證，都引用得特別多。而在漢地，我特別佩服蕅益大師，他從 30 歲那年開始閱藏，費時 27 年，歷經不同地方才讀完《大藏經》，並撰著了《閱藏知津》，共計三十多萬字。其實，你們若實

什麼是密宗？

---

⑭《最上大乘金剛大教寶王經》云：「又復演說八種成就之法：所謂聖藥、眼藥、革屣、劍、罥索、金剛輪、金剛杵及寶瓶等成就之法。」
⑮《最上大乘金剛大教寶王經》云：「汝等大眾，當於彼師，常加尊重，禮拜供養同於佛想。即感一切如來常加擁護，即是見前一切如來。」

在沒時間看《大藏經》，讀一遍《閱藏知津》也是很好。有些人一晚上不睡覺，一直躺著看小說，到早上六點鐘看完了，高興得不得了。然而，這些小說沒什麼價值，完全是凡夫人的分別念，根本不如高僧大德的教言。所以，你們有時間的話，還是應該多看看這些。

我剛才引用的《最上大乘金剛大教寶王經》的教證，意即金剛乘涵攝一切乘，過去是這樣，現在是這樣，未來也是這樣。以前我遇到漢地一位法師，我們在文字上交流時，我故意說：「密宗是最高的法門。」（當然我也有很多教證。）他給我回信說：「這一句話我不承認。」我又給他去了一封電子郵件：「你不承認的話，請把理由講出來。」但他後來也沒答覆，是有理由不答覆還是沒有理由，我也不清楚。

此外，在這部經中，還提到了聽密法之前要接受灌頂⑯。這些都是漢地經典中講的，所以你們不要認為，密宗只在藏地有，只在喜馬拉雅山、雅魯藏布江附近才有，除此之外，其他地方都沒有。實際上，佛陀的顯宗、密宗在道理上是融會貫通的，只不過在有些地區，把某種教義開顯得更明顯而已。就像在藏地，密宗續部就特別多，新出的藏文《大藏經》108 函中（對勘局的版本），我算了一下，密續就有 28 函。這些密續中，很多都有配套

---

⑯《最上大乘金剛大教寶王經》云：「爾時金剛手菩薩於眾會前，偏袒右肩右膝著地，金剛合掌安自心上……世尊我今欲於如來金剛大乘法中，與彼學眾求受灌頂，唯願如來慈悲聽許。」

的儀軌和講義，再加上大德們所取的伏藏品、從清淨刹土迎請的續部，這樣算下來，密法的數量比整個《大藏經》還要多。

另外，據某個資料說，漢地《大藏經》中，也有四百多部密宗經典。然儘管如此，現在翻閱這些經典的人特別少，以至於許多人不理解密宗甚深的見解和行為，經常出現誹謗的現象，這是非常不合理的。

疑惑九：密宗的即生成佛是否合理？

一位法師曾在講法時說：「密宗之所以能吸引人，因為它標榜的是即生成佛。但它一生成的佛，只相當於小乘的阿羅漢，比大乘菩薩還差一大截，不是圓滿究竟的佛。這樁事情，印光大師在《文鈔》裡講得很多。」

後來，我專門為此查了《印光大師文鈔》，裡面確實提到了好幾處密宗，但有些說密宗非常甚深，是不可思議的法門；有些說密宗跟顯宗同等，不能抬高密宗，蔑視顯宗，卻並未說密宗的佛跟阿羅漢一樣。比如，在《復周志誠居士書一》中，印祖云：「密宗現身成佛，或云即生成佛，此與禪宗見性成佛之話相同，皆稱其工夫湛深之謂，不可認做真能現身成佛。須知現身成佛，唯釋迦牟尼佛一人也。」所以，法師在給人講經說法時，若要引用一些依據，務必要弄清楚它的真實意思，否則很可能會誹謗佛法。

什麼是密宗？

在座的居士也看看自己，以前還沒有學佛時，是否認為佛教只是迷信，覺得「那些人神神道道、奇奇怪怪的，每天在寺院裡跑來跑去幹啥？」也許你產生過很多邪見，口中也說過很多詆毀的語言，這些都應該值得懺悔。對密宗的態度也是如此。漢地雖然有密宗的修法和儀軌，也曾有大德在小範圍內弘揚過，甚至傳播到了日本和西方，但都不像藏地這樣特別興盛。正因為對密法不認識，有些人確實也作過誹謗。比如，弘一大師在《佛法宗派大概》中說：十幾年前，他對密宗還不太了解時，只看了《密宗儀軌》，就對密宗開始誹謗。但後來翻閱了《大日經疏》後，才發現密宗教義之高深，因而在諸佛菩薩面前懺悔，並把這段經歷寫成了文字。對我們後學者來講，這也是一個很典型的公案。

當然，我不是為了吸引你們學密宗，就拼命打廣告，說密宗如何如何殊勝。這種想法連夢中也沒有過，畢竟每個眾生的佛緣不同，這樣做也沒有必要。我之所以告訴大家這些道理，無非是想提醒你們：在不懂密宗之前，千萬不能隨便誹謗。就像一個人在學佛後，由於感受到了佛教的殊勝，就會告誡別人：「千萬不要誹謗佛法，佛法對你的今生來世的確有幫助。」而我也是如此，在聞思密宗這麼多年後，對其見修行果有著堅定不移的信心和見解，所以很想把這些與有緣者分享。

我相信很多道友是有信心、有智慧、有悲心的，只

不過以前沒有環境、沒有因緣，故對密宗的殊勝不太了解。尤其是藏傳密宗的論典，大多數都未譯成中文，過去八思巴、諾那上師、章嘉國師等大德，雖在漢地也傳過密法，但藏地特別有加持的理論、竅訣及甚深修法，並沒有大範圍地弘揚過。因此，很多人因不了解而輕易毀謗，這也情有可原。

不過，如今21世紀有許多方便，大家通過各種科技手段，有機會接觸很多密宗上師、密宗的理論和修法，這樣一來，你們應該明白，密宗在斷除煩惱、即生成就方面，的的確確相當殊勝。如果有人想誹謗密宗，就應該先好好了解一下剛才所引用的那些教證，看看漢地《大藏經》所講的，與密宗到底有多少矛盾之處。如果真有矛盾，你再去破斥也不遲。我今天所引用的教證，並非來自於藏傳密續，而統統是源於漢地佛經。對漢地那些愛誹謗密宗的人來講，這也不失為「以子之矛，攻子之盾」。如果你對自己的經典一無所知，就隨隨便便信口開河、故意造業，那實在太不應理了。

虛雲老和尚在《年譜》中講過：「密宗的確是佛法，法法相通，不應分別庭戶、彼此攻擊。倘若佛教各派之間互相內戰，這不僅違背佛陀方便設教的本懷，而且也給他人以攻擊的機會，妨礙佛教前途的發展，毀壞自己的善根。如果再這般下去，最後便是死路一條。」可見，高僧大德們在究竟意趣上是一致的，只不過有時受附近

什麼是密宗？

環境或周圍人的影響，顯現上好像對密宗有不理解的地方。但這可能也有一些密意，比如為了攝受有緣弟子，讓他們不要學得太雜、太亂。所以，我們對高僧大德要觀清淨心。

至於其他人，如果沒有太大必要，還是應該明白密宗的不共殊勝。不說別的，就拿「貪嗔癡的本體是智慧」來說，這與漢傳的教言也沒什麼差別。關於此理，玄奘大師翻譯的《大般若經·理趣分》中講得很細緻⑰，比如貪心的本體怎麼清淨，嗔心的本體怎麼清淨，癡心的本體怎麼清淨……漢地大德不僅將這些譯成了文字，而且在他們心裡，也的確感受過這些甚深道理。

當然，對密宗的觀點有爭議，自古以來這種現象也不乏其數。比如，對寧瑪巴的大圓滿，格魯派或其他教派的有些大德，也有顯得不理解的。然而，也有些大德不但完全理解，而且還造了很多論典。例如，宗喀巴大師撰著的《大圓滿妙藥甘露鬘》中，記載了宗喀巴大師

藏傳佛教問答錄

---

⑰《大般若經·理趣分》云：「爾時世尊復依性淨如來之相，為諸菩薩宣說般若波羅蜜多一切法平等性觀自在妙智印甚深理趣清淨法門。謂一切貪欲本性清淨極照明故能令世間嗔恚清淨，一切嗔恚本性清淨極照明故能令世間愚癡清淨，一切愚癡本性清淨極照明故能令世間疑惑清淨，一切疑惑本性清淨極照明故能令世間見趣清淨，一切見趣本性清淨極照明故能令世間憍慢清淨，一切憍慢本性清淨極照明故能令世間纏結清淨，一切纏結本性清淨極照明故能令世間垢穢清淨，一切垢穢本性清淨極照明故能令世間惡法清淨，一切惡法本性清淨極照明故能令世間生死清淨。一切生死本性清淨極照明故能令世間諸法清淨，以一切法本性清淨極照明故能令世間有情清淨，一切有情本性清淨極照明故能令世間一切智清淨，以一切智本性清淨極照明故能令世間甚深般若波羅蜜多最勝清淨。佛說如是平等智印般若理趣清淨法已，告金剛手菩薩等言：若有得聞如是般若波羅蜜多清淨理趣，信解受持讀誦修習，雖住一切貪嗔癡等客塵煩惱垢穢聚中，而猶蓮華不為一切客塵垢穢過失所染，常能修習菩薩勝行，疾證無上正等菩提。」

與其弟子之間的對話，專門講了如何認識煩惱的本體，如何將煩惱轉為道用……跟蓮花生大士的《問答金鬘錄》沒有任何差別。

還有，格魯派格西札嘎仁波切（《扎嘎山法》的作者），他的寺院就建有「大圓滿龍欽心滴禪修中心」。而且他在著作中要求：修行人第一年要修人身難得、壽命無常、因果不虛、輪迴痛苦和五加行；第二年修生起次第、圓滿次第為主的本尊修法，圓滿本尊心咒及其觀修；第三年修大圓滿的不共正行，如區分有寂、本來清淨、任運自成等。他規定在三年中，要把龍欽心滴從前行到最後四種光明顯現之間的所有次第完成。

此外，第五世達賴喇嘛有一個大圓滿引導文，叫《持明言教》，跟寧瑪巴的大圓滿修法一模一樣；安多格西，也著有十三品的《大圓滿文殊心滴》。由此可見，格魯派許多大德對大圓滿法十分推崇，甚至我們寧瑪巴的有些人，也不一定這麼重視。

其實，寧瑪、格魯的究竟觀點沒什麼差別。在證悟者看來，漢地的禪宗、淨土宗也好，藏地的各大教派也好，法法都是相融的，沒有任何矛盾。但在沒有證悟的人眼裡，所有的法始終格格不入。就像人們常說，佛陀看到的全是清淨相，而凡夫人看到的全是凡夫相。

總而言之，大家以後對密宗不能隨便誹謗，而應該次第地聞思修行。若能如此，你在顯宗裡解決不了的問題，

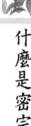

什麼是密宗？

不管是理論上還是修行上，學了密宗以後，完全可以迎刃而解。

而且，密宗的許多竅訣非常簡單，對我們末法眾生很適合。1993年，法王去美國、加拿大時，看到西方人特別忙，就特意給他們傳了《文殊大圓滿》。法王說：「《文殊大圓滿》對你們來講很殊勝。因為你們平時那麼忙，《文殊大圓滿》那麼少，修這個法多方便啊！」他們聽了確實很歡喜。現在已經十七年過去了，據說當年的很多佛友至今仍在修這個法。

不過，修密法最好有次第性，不要遇到一個上師，就非要求《上師心滴》、求最高的法。修行要從下往上來，不能從上往下去，就像讀書要從小學一年級開始，而不能一進校門就學大學三年級的課程一樣。當然，也有些上師很慈悲，可能會給你念個《上師心滴》的傳承。如果你聽後開悟了，我們也很隨喜，只要能對眾生有利，也不一定非要過特別囉唆的關。然而對大多數人來講，開悟也不是那麼容易的。所以，最好還是遵循無垢光尊者的傳統，次第性地修行，這樣到最後修密法時，將煩惱轉為菩提也很方便！

閑談問答錄　前言

　　這幾年，我偶爾在下課之後，會抽出一點時間讓道友們提問，自己則隨力解答他們心中的困惑。因為是隨機提問、當場回答，故不可能像造論一樣特別嚴謹，有充足的時間去思考、分析，只是給大家打開思路，起個拋磚引玉的作用而已。

　　畢竟在學佛的過程中，許多人由於聞思尚淺，所以內心中有不少懷疑。俗話說：「智者以問而修，愚者以不問而修。」修行的時候有疑惑不解，提出來與大家探討，是智者的行為。正如大文豪莎士比亞所言：「懷疑是大家必須通過的大門口，只有通過這個大門口，才能進入真理的殿堂。」因此，懷疑並不可怕，關鍵是自己如何正確對待。若能在有緣的善知識、善友面前，通過提問的方式，廓清糾纏心頭已久的困惑，今後則可避免走許多彎路，也不會在懵懵懂懂的情況下誤入歧途。

　　當然，這些回答是我以分別念當場所作，難免會漏洞百出、不堪推敲，故原本不打算將其整理出來。但後來應道友的再再勸請，想到這些問答也許對個別人有些許利益，為今後的修行能提供一些借鑒，大致指明一些方向，才同意將其付梓成冊，提供給大家。

　　但願這本《閑談問答錄》，能對您有點滴的幫助！

索達吉
2010 年 5 月 15 日

閑談問答錄

問：寺院的柱子裡長了白蟻，按照戒律又不能殺生，如果不殺的話，怎麼保護寺院的柱子呢？

答：沒事，再修一個水泥的（眾笑）。眾生的生命更寶貴！

問：漢地有些寺院是自己耕種，您怎麼看這種現象？

答：這要從兩方面來分析：一方面，歷史上的百丈禪師、虛雲老和尚等高僧大德，為了使僧眾遠離喧囂繁雜的紅塵，確實提倡寺院自己種植糧食、蔬菜，此舉有利於護持清淨戒律，保證修行圓滿成功，故有一定的殊勝之處。且戒律中也明確規定：耕地屬於輕罪，若在耕地之前念一些儀軌，心裡作意如來教言，以慚愧心去做，罪業能夠得以清淨。

但另一方面，假如明明知道這種行為犯戒，自己也有條件不這麼做，但為了打發時間而闢地耕種，不事聞思修行，以輕毀心去觸犯學處，這樣可能不太好。

因此，寺院耕種是否有過失，關鍵在於以什麼心態去做。如果是慚愧心則過失不大，但若以輕毀心而為，看一看翳羅葉龍王的公案，就知道自己的下場如何。

問：即便以慚愧心去耕地，也會殺死很多小蟲，這該怎麼辦？

答：建寺院、修佛塔也會殺很多小蟲，但若不是故意去殺，而且所造的善根大於過失，這些行為戒律中也有開許。

問：一個人覺得活著的痛苦大於死亡的痛苦，他該怎麼辦？

答：叔本華不是說過嘛，該自殺！（眾笑）

問：但自殺並不能獲得解脫。

答：是不能解脫，但活得那麼痛苦也不能解脫啊。開玩笑！要祈禱三寶。若能好好地祈禱三寶，今天雖然這樣覺得，也許明天的心態就變了。我們藏族有句俗話：「晚上睡覺時的心態，早上醒來後就沒有了。」

問：那為什麼有的人會想自殺，這是前世的串習嗎？

答：也許是暫時的違緣造成，也許是前世的惡業成熟，有兩種可能性。

問：聖者通過自他交換代眾生受苦，那眾生還有沒有痛苦？

答：有些也有痛苦，有些會減輕痛苦。

問：眾生減輕痛苦後，他自己會不會知道呢？

答：不一定知道。

問：不知道的話，他就不會生起感恩心，善根也不會增長。

答：那不要緊！大成就者並不希求感恩，我們凡夫才需要感恩。你看佛陀給我們宣講佛法，很多眾生並不知道感恩，但佛陀也從來沒有這個希求。

問：怎麼樣使佛法很快融入自心？
答：很多道友在悄悄告訴你：「好好地串習修行。」我也表示贊同：如是、如是！善哉、善哉！

問：《開啟修心門扉》中說：正法沒有融入自心，如同肺葉漂於湯麵上。那正法真正融入自心，它是一種什麼狀態？
答：華智仁波切說，身語意三門就像腳踩在棉花上或者米粥裡加入酥油一樣柔軟、調和。

此時他深信因果，不希求世間八法，對上師三寶有堅定不移的信心，內心堪能，遇到任何違緣也不會退失道心。

問：如果沒有出離心，是否可以生起菩提心？
答：一般來說，沒有出離心的菩提心是不能生起的。即使生起來了，這種菩提心也不穩固，不具足菩提心的所有法相。

問：但如果這個人證悟了空性，是否可以生起菩提心？

答：這倒是可以。因為眾生有兩種根基：一種是通過菩提心而證悟空性，另一種則是通過證悟空性而獲得菩提心。倘若你已經證悟了空性，這個空性不可能在「孤獨林」裡住很長時間，菩提心馬上就會生起來陪它。所以二者是俱生的，只不過有時間先後順序而已。

問：一個人既沒有出離心，也不具菩提心，是否可以在上師的加持下往生？

答：那要看這個上師的成就如何。

問：藏傳佛教、漢傳佛教、南傳佛教之間如何取長補短，以彌補各自的缺陷？

答：藏傳佛教：向來對小乘、大乘、密乘三乘的戒律格外重視，但由於地理環境等因素的限制，素食只為少數行者所受持。相比之下，漢傳佛教的素食觀實在很殊勝，自古以來的素食傳統，不知饒益了多少眾生。若能學習這種慈悲為懷的素食觀，則可減少現今藏傳佛教中的諸多過患。而與南傳佛教相比，藏地許多活佛、大德的住處過於奢華。我見過南傳僧人的寮房，屋裡除了法本和零星的生活用具以外，並無其他器物，整個房間自然透露著一種知足少欲的修行氣息，這些行為都值得

閑談問答錄

56

我們借鑒和學習。

漢傳佛教：雖有許多古代大德的論典與教言流傳於世，也有許多寺院與佛學院，但像藏傳佛教這樣系統聞思修佛法的道場卻極為罕見。佛法的見修至關重要，如果缺乏對見解和修行的次第引導，即使有修行之心，恐怕也難以找到入門之處。若能像藏傳佛教這樣樹立起聞思修的體系，出家人一生的修行就會很有把握。而與南傳佛教相比，除了個別律宗道場以外，很多地方的威儀似有欠缺。南傳佛教中的托缽乞食在漢傳佛教中實現，恐怕有些困難，但除此之外的諸多威儀，如果能夠借鑒，漢傳僧人的形象會更引發人們的信心。

南傳佛教：一直以來秉持人無我的小乘見解，缺乏大乘空性見與菩提心的教授。若能像藏傳佛教這樣進行廣大的聞思，必可真正步入自利利他的菩提之路。而與漢傳佛教相比，其素食觀念也略顯不足。雖然「三淨肉」並未違背小乘戒律，但與大乘悲憫有情的精神仍是相違。並且，儘管南傳中也有利濟社會的善舉，但與漢傳中廣大弘法與饒益社會人群的善行相比，顯得過於狹隘。

如果三大傳承的高僧大德能聚集一堂，共同協商並學習彼此的優勢，對整個佛教的發展應該有很大利益。有了溝通和理解後，即使不能百分之百地完善自他教派，至少也可消弭彼此的排斥與誹謗。

三大佛教的交流是一個歷史性問題，消除隔閡是整

藏傳佛教問答錄

個佛教界和合與發展的基礎。除了彼此的見解以外，交流本身並不困難。如果是在過去，即使在散居村落之間開個小型會議也很困難，但當今時代各種條件都極為便利，上百個國家的大型會議也是頻頻召開。因此，佛教界具有能力並真正對佛教前途深入思考的大德，舉行一次這樣的佛教交流，並非難以成辦之事。當然，何時能具足如是因緣，也是一個未知數。

最後我想強調一點：南傳佛教、漢傳佛教、藏傳佛教三大體系，包括了整個世界的一切佛教，這是不爭的事實。只有三大佛教互相團結與學習，才能真正促成佛教的發展。鑒於此，本人合掌祈請所有關心佛教的有智之士對此三思！

問：怎樣以理證成立「一切眾生皆為我們的父母」？

答：這個問題無法以理證成立，只能用教證成立。《釋量論》中說：「倘若屬於第三處⑱，則當採用聖教量。」無始以來眾生當過我們的父母，這是現量無法觸及的隱蔽部分，就像三世因果一樣，憑我們的理證智慧也觀察不出來。所以因明中說：現量的對境以現量成立，比量的對境以比量成立，對於特別隱蔽的部分，應以聖教量來成立。

---

⑱第三處：即聖教量。第一處為現量，第二處為比量。

問：可是對於初學佛的人，不相信佛陀說的話怎麼辦？

答：那沒關係！在這部分人面前，我們先以理證成立「釋迦牟尼佛是量士夫」，如此一來，佛陀所說的話就真實無欺了。

問：我們平時有兩種說法：一是眾生都做過自己的父母，還有一種是「如母有情」，眾生如同父母一般。這兩種說法有一些差別，哪一種更準確呢？

答：「如母有情」的說法，在藏文中沒有這樣確切的字眼。

問：那就是說，眾生確確實實都當過我們的父母？

答：對！

問：作為一個修行人，要知慚有愧，也要有佛慢，這二者應該如何圓融？

答：什麼樣的佛慢？「我是釋迦牟尼佛」嗎？

問：不是，我們具有如來藏，都可以成佛。但又要知慚有愧，我不知道該怎麼圓融。

答：這個不相違吧。我們都有如來藏，總有一天肯定會成就，所以在修行時對自己有一種信心，也即《入

藏傳佛教問答錄

菩薩行論》中所說的信力，這就是佛慢。而知慚有愧是無慚無愧的違品，無慚無愧是一種煩惱的心所，《二規教言論》中講了很多這方面的教言，我們應該盡量避免。

傲慢和佛慢應該區分開，我們不要傲慢，但應該有佛慢。

問：有些上師說：「放生可以代替修五十萬加行，這種善行功德更大，磕大頭只不過是為了鍛煉身體。」這種說法對嗎？

答：不太對吧。釋迦牟尼佛並不需要大家鍛煉身體，佛陀在經中說：「磕一個大頭，將感受自己身體以下乃至金剛大地以上所覆蓋的所有微塵數的轉輪王之安樂。」難道鍛煉身體會有這種果報嗎？

放生雖然是一種善舉，但如果要代替傳承上師所傳下來的五加行，這可能需要充分的教證或理證。在我們寧瑪巴當中，從來沒有這種傳統，如果將這些善法混為一談可能不太好。

當然，放生是很好，這一點我讚歎！

閑談問答錄

問：您如何看待台灣的佛教界？有些人說台灣佛教就像泡沫經濟一樣，只有一些表面形式，缺少真正的實修實證，您怎麼認為？

答：總的來說，台灣的佛教與其他地方相比，要

自由得多。那裡大概有六個佛教電視台，白天、晚上二十四小時都有講經說法。報紙上也經常宣傳：今天哪裡有講經、明天哪裡有灌頂等等。所以從某個角度而言，台灣的佛教比較繁榮昌盛。

1993年上師如意寶從法國回來時，路經台灣，並在那裡住了七天。當時台灣還不像現在這樣開放，但與我們這裡相比，言論還是比較自由。當然，這種情況也有利有弊，有利的是各大宗派沒什麼約束，有很廣闊的發展空間，大家可以暢所欲言。但也有一些真真假假、魚目混珠的局面存在。

不管怎麼說，在行持佛法方面，台灣遠遠超過其他大城市。以前星雲大和尚將佛指舍利迎請到台灣，每天的朝拜者都超過十萬；證嚴法師創辦的「慈濟功德會」，所做的一切令整個世界矚目；海濤法師廣納眾長，為各教派互相溝通做出了極

大貢獻……台灣有許多非常了不起的大德，那裡的佛教徒聽得多、看得也多，有機會接觸小乘、大乘、密乘等不同佛法，應該說是相當有福報的。

至於實修實證方面，不僅僅是台灣，現在普遍來講都比較缺乏。其實台灣也有很多清淨的道場，有些修行人在那裡長年累月地修持，也取得了不可小覷的成就。

問：自己本來在聽聞佛法，後聽說某處有灌頂，去

灌頂的話又要斷傳承，這該怎麼辦？

答：灌頂雖然很重要，但法王如意寶從不提倡斷傳承去灌頂，他老人家反覆強調：「故意中斷傳承的話，有摧毀一千座佛塔的過失。」但若不去灌頂，過失應該沒有這麼大。因此，不斷傳承可能好一點。

問：眾生都具足佛性，為什麼學壞那麼容易，學好那麼困難？

答：這也不能一概而論。從具足佛性的角度來講，眾生在修學佛法的過程中，肯定越學越有進步，從凡夫位開始，逐漸圓滿資糧道、加行道等五道十地的功德。

但由於無始劫來的實執嚴重，很多人在修行時難免一進三退，改變習氣相當困難，俗話說「學壞三天，學好三年」，原因也在於此。

當然，這並不是固定規律，從歷史上來看，許多修行人身處逆境時，無論環境再怎麼惡劣，對上師三寶的信心也不退轉，寧捨生命也不捨棄菩提心，這些情況都足以說明學壞不太容易，學好也不困難。

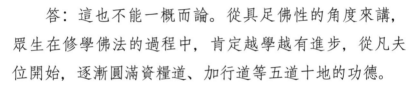

問：為讓世間人廣泛地了解佛教，社會慈善事業勢在必行，但從另一個角度，若是成天忙於幫助他人，定會影響個人的修行，對此您持什麼態度？

答：我自己認為，所謂的實修實證，不一定非要在

閑談問答錄

山洞裡面修持，如果有能力的話，應該去做一些慈善事業。有了這些善舉，世人也會對佛教產生好感及信心。可以看到，時下的台灣、新加坡等地，都有一些佛教的慈善機構。

關於慈善事業，我以前很少去想，不過這幾年也發了願，經常去一些學校，對貧困學生做點幫助。這也是學習外面一些法師的做法，我覺得這樣挺好。為什麼呢？我們作為佛教徒，如果只管自己吃好、穿好、修行得好，跟世間人一點也不溝通，那在他們的眼裡，佛教就會遙不可及，所謂的慈悲，也只是修行人的口頭禪而已。假如我們有錢的時候，幫助一些因貧困而輟學的學生，對他們一生會有不可估量的作用。

前段時間，我在爐霍資助了一些大學生，我對他們說：「作為一個出家人，我的錢不會隨隨便便亂花，但在你們最困難的時候，我還是拿出來幫助你們。供養你們讀書，並不是讓你們以後找個好對象，自己過著快樂的生活。只希望你們回來以後，一方面為我們民族文化著想；另一方面，如果有能力，一定要利益眾生，哪怕一個眾生也可以。」

當然，他們之中或許會有忘恩負義的人，但我想：當多數人憶念起佛教的慈悲時，會不會引發一點點感恩之舉呢？若能這樣的話，那我們出家人的慈悲，便成了他們利益人群的原動力。所以，佛教的慈悲不是僅蘊含

於自己的修持中，也不是稍微投射到周圍的旁生身上，而應真實關照到每一個可憐眾生。

我並不是在極力提倡「人間佛教」。如果將佛法的全部精神淡化成人間佛教，顯然深度不夠。我只想讓大家明白：利濟社會人群的慈善事業，不僅是我們內心修行的體現，也是我們修積資糧的方便和助緣。或許有人害怕社會，不敢接觸人群，所以就去獨自修行。如果你確實能安住於寂靜深山中獨修，這非常好；如果不能，為何不以實際

行動去關懷整個社會呢？倘若所有的修行人一輩子都待在寺院中或山溝裡，與社會沒有任何瓜葛，那在世人眼中，佛法不就成了社會的副產品，不具任何實義了嗎？

所以，面對複雜的社會和可憐的眾生，我們應做好兩方面的準備。

問：對上師生起真佛般的信心，是在凡夫位還是聖者位？

答：凡夫位。

問：怎樣才能生起這種信心？

答：經常思維上師的功德，經常憶念上師的恩德，經常看如何依止上師的教言、上師與佛無二無別的教證，

若對這些經常串習，自相續就會逐漸轉向清淨，對上師
能生起真佛般的信心。

問：很多活佛、堪布、上師經常到大城市裡傳法，
卻很少光顧偏僻貧窮的農村，那農村的眾生怎麼辦？

答：應將上師、活佛們請到農村去！（眾笑）

現在的確有這種情況。新疆、蒙古、寧夏、甘肅等
經濟條件差、氣候惡劣的地方，諸佛菩薩的化身可能去
得少一點。而在北京這種大城市，據國家情報局私下統計，
一年中來的活佛就有 2442 位。有些上師喜歡攝受文化
程度高、經濟條件好、長相也不錯的眷屬，而農村等偏
僻地方，基本上都不願意去。

其實，越是貧窮的地方，越需要佛法。以前我到武
漢時，去過一個特別窮的地方，那裡的人們非常虔誠，
雖然不可能接受一些大法，但讓他們念觀音心咒還是可
以的，以此也能種下殊勝的善根。

所以，大家今後應發心到一些偏僻的地方去傳法，
我們不需要什麼供養，也不需要其他條件，只要提供一
個說法的場合，自己出一些費用，去給可憐的人傳法就
可以了。儘管他們文化程度不高，經濟條件也不好，但
他們畢竟是眾生，如果講一些簡單的法門，他們肯定會
行持的！

問：風水對我們修行有影響嗎？

答：對初學者來說還是有影響的。一般來說，凡夫人最好能選擇大成就者加持過的聖地，蓮花生大士也講過：「在別的地方待一百年，不如在我加持的地方住一晚。」蓮花生大士的《密咒寶鬘論》還引用《時輪金剛》的教證說：「看風水雖然是一種著相，但二取執著沒有消於法界之前，修行還是離不開風水。」

那找什麼樣的風水呢？以前法王如意寶說：「應該是高僧大德加持過的地方，若在該地修行，一般不會出現違緣。」比如我們喇榮山溝，就是法王如意寶所加持的聖地，有了這種加持，其他的山形地貌不觀察也可以。

關於風水的問題，不要特別去執著，外在的風水不重要，內心的風水才重要。在不執著的情況下，風水也沒有特別大的利害。

閑談問答錄

問：《梵網經》中說：「食眾生肉者，斷大慈悲佛性種子。」如果斷了大慈悲佛性種子，對大乘行人來講是很嚴重的，為什麼戒律中只將其安立為輕罪呢？

答：吃肉並不能將相續中的大悲心全部瓦解，如果能的話，佛陀早將其立為根本罪了。之所以說它斷大慈悲佛性種子，是因為能部分損壞大悲心，從性質而言非常嚴重。但從戒體的角度來講，吃肉並不是罪無可赦。

問：如果一個人證悟了，是否就一定會講法呢？

答：按照華智仁波切的觀點，既然證悟了如所有智，他的盡所有智不應該「很笨」。雖然證悟了以後不一定會傳法，但他肯定可以講法。反過來說，如果他不會講法，說明這個人根本沒有證悟。

當然，有些大德儘管已經證悟了，但由於為人謙虛或者眾生因緣不成熟，而說自己不會講法，故也不能以這種表面現象來判斷一個人是否證悟了。

問：除佛教以外，目前各大宗教的代表人物，老子、孔子、穆罕默德、耶穌，他們當中誰證悟了空性？

答：我並沒有他心通，不知道誰證悟了空性。但總的來講，這些宗教所提倡的善妙行為，對社會起到了相當大的作用。比如西方國家如果沒有宗教的約束，對人類的生存會有極大危害。正由於美國為首的西方國家對自己的宗教有虔誠信仰，社會各界人士也有一定的宗教水平，所以做事情會想起祖師所傳下的教言。

至於他們有沒有證悟空性，世界上有各種說法。一位法師在接受西方媒體採訪時，講道：「從證悟的見解方面講，肯定釋迦牟尼佛是最究竟的，但其他宗教導人向善的道理，對社會也有很大的貢獻。」我覺得他的說法有一定的實在意義。

問：《前行》說：「出現死相後，五根隱沒次第，上師需要為他直指心的本來面目，這是超度的最佳時刻。」但此時耳識滅盡，只是聽到一片嗡嗡聲，那如何接受上師的引導呢？

答：這有兩種情況：如果自己有聽受能力，則可直接接受上師的引導；倘若已喪失聽受能力，上師可用口對著你的耳根，大聲指示心的本來面目，如此也能達到這種效果。此乃無垢光尊者在一些大圓滿修法中的教言。

問：什麼叫做金剛道友？在金剛道友之間製造矛盾、破壞和合，會有什麼嚴重後果？

答：明朗大師在《三戒論注疏》中引用《誓言光明續》的教證說：「所謂的金剛道友，是從獲得灌頂乃至菩提果之間永遠不分離，猶如燈油和燈芯一樣密切。」也即是說，從初發心到成佛的漫長道路上，大家一直是非常好的「同學」。

假如在金剛道友之間挑撥是非，導致彼此之間不和睦，從密宗的角度來講，會有破壞密宗大僧團的嚴重過患；十四條根本戒律中的第三條中說，對金剛道友生嗔恨心，也間接損害了根本上師；此外，還違背了在一個壇城內灌頂時所發的誓言「乃至菩提果之間互相和合」。

問：道友之間平時應該怎樣和合？

閑談問答錄

答：小乘《毗奈耶經》中規定，對一切眾生以慈悲心來對待；從大乘來講，視眾生為自己的父母；從密乘而言，對總的金剛道友、近的金剛道友、密的金剛道友，應該像兄弟那樣對待，心中應想：「在修行過程中，沒有他們我不可能成佛，所以平時不能對他們起嗔恨心，不應該觀他們的過失。」《前行》中也說，應將道友觀為勇士勇母及男女本尊之自性。若能如此，道友之間的和合應該可以做得到。

問：金剛道友不和睦，會不會影響上師長久住世？

答：會影響。佛教中有一種說法：「弟子不和合，是上師圓寂的徵兆。」以前觀音菩薩的化身也說：「金剛道友之間和睦，對上師的長久住世有很大利益。上師住不住世，關鍵是看他老人家的願力，但如果道友之間和合，對上師長壽會製造一種很好的緣起！」

問：密宗念誦咒語時，為什麼要規定數量，而且還要在念珠上做記號，這樣是為了達到一心不亂嗎？

答：不是，這是為了約束自己，讓每天念誦有一個數量。如果沒有做記號，念三遍和念一萬遍的感覺都一樣，對自己就沒有鼓勵的作用了。如果發願念一億遍心咒，每天規定一個數量，並在念珠上做記號，這樣一來，平時就不容易散亂，也不會無意義地虛度時光。

問：《喇榮課誦集》裡有藏、漢二種語言，以這兩種方法念誦都一樣嗎？

答：儀軌最好用藏語念，如果實在不行，法王如意寶以前也開許用漢語念。

問：為什麼佛經中經常講女眾的過失？

答：因為女眾的煩惱比較深重，佛經中說，女眾有五種過失是男眾沒有的。這主要是針對女眾身體低劣而言。有些人尤其是西方人不喜歡聽，一聽到講女眾過失，女士們就站起來反抗。有位美國的上師曾說：「千萬不能講她們的過失，尤其是《寶鬘論》和《入行論‧靜慮品》，你要講的話，下面就沒有人聽了。」但實際上，《寶鬘論》中也說：「女眾的過失，如身體不淨，男眾同樣也有。」但心理上有些複雜的習氣，女眾確實比男眾多一些。

儘管佛陀在《藥師經》、《妙法蓮華經》中講了女眾的諸多過失，但若知道這些過失後精進修行，女眾也能獲得成就，這一點沒有任何懷疑。早在十多年前，我就寫過一篇文章，專門引用教證來說明女身能即生成就。在《密宗斷惑論》、《密宗虹身成就略記》中，我也摘錄過這方面的一些事蹟。從歷史上來看，不管是漢傳佛教、藏傳佛教，女眾如果精進修行，不會比任何男眾差。所以佛陀呵斥譴責女眾，也是針對不同的眾生，這是佛陀教言的一大特點。

問：女眾若發願弘揚佛法，應該怎麼做？

答：首先威儀很重要，應時刻以正知正念來守護根門，然後自己的見解不可動搖，因為女眾的心變得比較快，很容易隨外境而轉，所以見解和性情要穩定。第二要有利他心，希望將自相續中的智慧、功德無條件地傳遞給眾生。第三要有能力、有智慧。如果具備了這三個條件，凡是與自己有緣的眾生，都是可以利益的。

如果弘法不是貪著自利，出發點純粹是利他之心，世人也不得不認可你。因為整個世間特別需要善良的人，不管是女眾還是男眾，只要有能力幫助眾生，大家都不會排斥的。

現在也有一些非常了不起的女眾，如台灣的證嚴法師、漢地的隆蓮法師，對弘法利生起到了相當大的作用。相信在不久的將來，某些道友弘法利生的發心也會成熟的！

問：弟子感到心不安，請上師用密宗的方法幫弟子安心。

答：你需要達到什麼程度？

問：沒有分別念，處於一種光明的狀態中。

答：那你學燈泡就可以了！ （眾笑）

71

問：有居士在繞佛塔時，左繞感到身心輕鬆，右繞覺得有壓力，不是很舒服，這是什麼原因？

答：他業力現前。

問：但那裡每個人都左繞，這是否與佛經的說法相違？

答：對。每個人必須右繞！

問：左繞佛塔會怎麼樣？

答：沒有功德，反而有過失。

問：以什麼樣的驗相來判斷一個人是否往生了？

答：有些往生並不一定有驗相，比如在中陰時獲得成就便沒有驗相，但顯宗中很少提及這種現象。還有一種就是臨終往生，這種往生的驗相，一些大乘教典中說，會出現各種舍利。但法王如意寶曾說：「有舍利也不一定就是往生，即生做過很多善法的人，臨終時也會出現舍利。」對此，喬美仁波切也持相同觀點。

假如一個人在臨死時，對佛陀有不共的信心，一邊虔誠地念佛，一邊在誠信中往生。死了以後，頭頂上出現一些黃水（開頂），外面出現彩虹、光、巨響等等，這些都可以說是往生的驗相。

閑談問答錄

72

問：漢地有些人說《維摩詰所說經》是偽經，這種說法對嗎？

答：讓他們說出偽經的理由。

問：第一個理由，維摩詰是在家居士，卻把佛的出家弟子如舍利子、目犍連、阿難都訓斥了一頓，作為在家人，這樣做是不如法的；第二個理由，經名是《維摩詰所說經》，並不是佛陀所說。因此，這部經是後人所造。

答：第一個理由不成立，因為這樣的公案在佛經中相當多。第二個理由也不成立，比如《心經》就是觀音菩薩所說。因此，我認為偽經的理由不充分，而且這部經在藏文中也有。

問：偽經的說法主要來自於出家人，他們說在家人沒有資格訓斥出家人。

答：佛陀在經中說，如果有智慧的話，並不一定以出家身分為主。《三戒論釋》中也講過：「一般而言，出家人勝過在家人。但在特殊情況下，具有智慧即相續中具足得地等殊勝功德者為主。」

問：那這部經是真的？

答：對！

問：現代心理學如何看待佛教？

答：很多心理學家對佛教理念很感興趣。比如加拿大曾發生過這樣的事情：有個小孩從牆上摔下來，當他母親看到後，從遠方快速跑過去接住他。事後人們發現當時二者的距離相當遠，一般的速度根本做不到。對於這種現象，心理學家百思不得其解，但在佛教的《俱舍論》、《智者入門》等論典中，對此就有充分的說明。

現在有些學者，通過最微妙的觀察方法也得出一種結論：佛教既不是唯心，也不是唯物，而是中道的一門宗教。

問：作真實供養，感果肯定是真實的，但如果是意幻供養又沒有等持力，感果會不會是虛幻的呢？

答：佛陀並沒有說，意幻供養必須要獲得一地菩薩的等持。

問：那會得到真實的果？
答：對！

問：怎樣將佛教與社會結合起來？

答：當年太虛法師弘揚「人間佛教」，是以比較淺顯的理念打動人心，對社會淨化起到了很大作用。所以，若真有人願意去研究，佛教可以在心理學、神經學、醫學、營養學等方方面面利益人類。

閑談問答錄

然而，佛教中比較深奧的境界，世人可能很難以理解。且不說密法的甚深奧義，即使《心經》對空性的詮釋，跟世人溝通也有很大的困難。

問：佛教徒應如何與基督教、道教等其他宗教人士相處？

答：秉持佛教的見解和修行，同時與其他宗教和睦相處。

這個問題，國外的高僧大德有不同看法：有些法師提倡宗教合一，有些法師則不贊同。我個人的意見是，作為佛教徒，至少要把握兩點：首先，皈依三寶的原則堅決不能變，尤其是自宗的見修，更應珍惜，不能捨棄；與此同時，可以讚歎他們某些善舉，學習他們的長處和優點，以此也可利益社會，並與眾生廣結善緣。

因為我們是皈依三寶，不論從內心的見修，還是表面威儀，都應有別於其他宗教。在見解方面，必須堅持佛教的觀點；在修行方面，可以學習他們的世俗善舉；在行為方面，佛教的威儀不能與他們混在一起，但可博取眾長，借鑒他們的優勢。

在此基礎上，佛教徒應與所有的宗教和睦相處，這一點非常重要！

問：藏地有沒有比丘尼戒的傳承？

答：沒有。現在藏地、印度有很多大德，希望有機會與漢傳佛教互動，將藏傳佛教比丘尼戒的法脈接上。曾有一位宗教領袖在接受記者採訪時說：「現在藏傳佛教中，斷絕了比丘尼的法脈。許多人為此做過努力，希望這種情況能得到改變，多年來我也希望三大佛教傳承中的高僧大德們，能聚集一堂，共同商討這個問題，可計劃一直沒有得到實現。」

以前上師如意寶在世時，我也問過是否有必要恢復比丘尼戒的傳承。上師後來在課堂上說：「佛陀在世的時候，女眾業力比較深重，所制戒條也相當多。儘管我們藏地沒有比丘尼戒的傳承，但沙彌尼戒的戒條也很細微，末法時代真正能守的又有幾個？」上師當時的密意不知如何，但原話是這樣說的。

問：《六祖壇經》中說「前念著境即煩惱，後念離境即菩提」，對此應該如何理解？

答：無垢光尊者在《上師心滴．正行光明藏講義》中也有相似的教言：前念還沒有認識時，是煩惱的本體；後念通過上師的加持、直指以及自己的觀心，在前念滅盡的當下認識煩惱的本性，這就是佛陀的本來面目。

但上師如意寶以前講《文殊大圓滿》時說：「認識煩惱的本性或者說滅盡煩惱，不一定都是成佛。有些屬於資糧道的認識，有些屬於見道的認識，也有些像國王

閑談問答錄

恩扎布德那樣，直接獲得無學地的佛果。一般而言，認識煩惱的本性只是資糧道的認識。」

這種說法與有些法師的觀點也不相同，如慧律法師認為六祖已經獲得了佛果，境界上跟佛沒有什麼差別，只不過是他不成佛而已。

問：遠距離灌頂是否存在？

答：一般來講，灌頂必須具足一定的因緣，但有信心的話，應該能得到相應的境界，可是跟現場灌頂完全一模一樣，這可能有點困難。

當然，有些大成就者例外。以前蓮花生大士在藏地灌頂時，包括小蟲以上的眾生都得到了灌頂，所以大成就者的行為，是我們凡夫人難以測度的。

問：用電話灌頂可以嗎？

答：要看這個上師和這個弟子。如果上師非常了不起，弟子也非常了不起，那有可能！

問：薈供時可以吃肉嗎？

答：如果不是貪執肉味，完全將其觀想為諸佛菩薩的供品、自身觀想為壇城，以這種作意而享用肉食，沒有任何過失。但若想趁此機會一飽口福，對供品的肉食大快朵頤，那是不合理的。

藏傳佛教問答錄

問：假如起了惡念，但沒有去做，會不會受到果報？

答：如果以正念來攝持，就不會受果報。但若既沒有正念，也沒有懺悔，產生貪心、嗔心等都有果報。

問：如果自己懺悔了，還受不受果報呢？

答：看你懺悔的四對治力具不具足。

問：某人尚處於臨死狀態，瑜伽士說他已轉生為狗；某道友的爺爺剛剛去世，瑜伽士說他已轉生為某地縣長。這種說法可靠嗎？

答：現在很多神通是假的，靠不住！這些所謂的「瑜伽士」、「空行母」，總是亂猜，有時猜得準，有時猜不準。

一般來講，凡夫在生命未終結前，不可能轉生為其他眾生。一期生命的體現，必定有神識存在，如果一息尚存，神識豈能去別處投生？因此，人還沒死的話，不可能已經轉生為狗。

當然，如果是聖者則另當別論。聽說藏地就有上師尚未圓寂，別處卻出現了他的轉世活佛。此現象有兩種可能性：一、諸佛菩薩的示現不可思議，他於生前即可顯現另一化身；二、通過某位大成就者不可思議的加持，受加持者便成了化身。法王如意寶就曾自謙地說過：「我並不是列繞朗巴的轉世，只不過受過尊者的加持，人們才稱我是他的化身。」

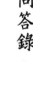

閑談問答錄

另外，爺爺剛死就跑去做了縣長，這絕無可能！凡是胎生的有情，必定有住胎期和成長期。犛牛也要住胎幾個月，然後才出生，慢慢長成大犛牛。一個人剛死不久，馬上就變成另一個地方的縣長，這完全不符合邏輯。儘管華智仁波切在《前行》中講「壽命無常」時說：「死亡會突然降臨，誰也無法確定明天會不會轉生為頭上長角的旁生。」但這是從濕生角度而言的，濕生的有情不需要住胎，馬上即可轉生，可如果變成縣長的話，這個邏輯不合理。

當然，死者若是諸佛菩薩的化身，這些顯現也有可能。但如果不是這樣，那瑜伽士的神通不準，不要到處去問！

藏傳佛教問答錄

問：弟子發了菩提心以後，行持時很困難，怎麼辦呢？
答：再次發願！再再發願！

問：《開啟修心門扉》中說：「若沒有以出離心、菩提心來攝持，所行的一切善法都是造惡業。」這是從哪個角度來講的？

答：從嚴格的角度來講的。嚴格地說，超離輪迴才算真正的善業，其他一切善業都是有為法。仲敦巴曾請教阿底峽尊者：「如果以貪著今生的幸福安樂、恭敬利養而聞思修行，其後果將如何？」「僅僅獲得此等後果。」「來世又將如何？」「深墮地獄、餓鬼、旁生三惡趣。」

因此，若未以出離心、菩提心來攝持，所行一切並不是真正的善法。

問：如果害怕老鼠，要不要懺悔呢？

答：害怕老鼠不用懺悔，但是想害老鼠要懺悔！

問：自己在發心的過程中，無意間損壞了三寶物，應該怎麼樣處理？

答：照價賠償好一點。

問：一個人沒有受別解脫戒，但他證悟了空性，那他證悟的一剎那，是否具足別解脫戒的戒體？

答：看他證悟的境界如何。如果是一地菩薩的智慧，肯定具足。

問：開悟和證悟有什麼區別？

答：可以說是一樣的，只不過名稱不同而已，二者都有從資糧道到佛地的次第差別。

問：在佛法弘揚方面，您對自己及弟子們有什麼期待和展望？

答：我沒有弟子，不過有很多金剛道友。我對自己沒什麼希求，但對道友們的弘法利生，的確有一些期待。

閑談問答錄

當今時代，法王如意寶弘法利生的發心與事業，完全體現了他老人家對濁世眾生的眷顧。藏傳佛教中，頗具名望的大德不勝枚舉，不論是修行成就還是聞思智慧，他們都可謂極其超勝。但從講經說法住持佛教，以及提倡放生饒益有情的方面來看，法王及其傳承弟子的事業，無有能與之比肩者。這是事實，並非自誇之語！

法王教法的興盛，在這個時代尚不明顯。我已四十多歲，還能存世幾年不得而知，所以，法王一脈相傳的佛法能否興盛於漢地，完全取決於你們這一代。在你們當中，可能會出現一批真正有能力的僧才。不管是男眾、女眾，這種潛質現在有些人還不明顯，但是到了將來，也許他們會成為非常了不起的高僧大德。據我了解，現在有些道友到了漢地以後，在弘法利生方面還是起到了很大作用，而且這樣的道友為數頗多。

再從學院在漢地的影響，及漢人對佛法的期待來看，時間成了佛法興盛的唯一因緣。去年至今，我本人與漢地一些淨土道場、禪宗道場、中國佛協等佛教界具有名望的高僧大德，經常進行一些談話。在談話期間，他們從內心中流露出對學院的讚歎。不論是佛法的造詣，還是一直以來講經說法的傳統，他們都給予了肯定和承認。另外，學院某些法師到了漢地寺院，由於他們的智慧和修行，也自然贏得四眾弟子的恭敬。大家只要聽說是「喇榮五明佛學院的修行人」，都會生起仰慕和信心，許多

藏傳佛教問答錄

道場想讓他們留下來，但師命難違，道友們只是作了短暫停留便回到學院。

由此可知，漢地非常需要僧才。只是由於歷史的緣故，藏漢佛教界的交流尚未完全開放，許多佛學院及佛教徒只能默默地等待。據說從今年開始，政策有了新的突破，如果是這樣，藏漢交流可能會越來越方便。因此，我們可以推測：一旦內因外緣全部具足，學院的顯密教法將得以推廣，對佛法興盛所起的作用也是不可估量的。

我作以上分析，並非沒有依據。從目前的聞思狀況來看，像學院這樣再再聞思大經大論的道場，可謂絕無僅有；具緣道友們個個具有殊勝見解及向道之心，這也極其罕見。因此，只要是具明目者，都會做出同樣的推測。

至於具體到每位道友的發展，恐怕誰都難以預料。我想，絕大多數道友需依靠自己的因緣而定。有些人前世有弘法宏願，今世的利生事業也能順利展開；有些人由於前世願力欠缺，即使今生具足智慧、戒律清淨、人品極佳，弘法事業也可能會出現夭折現象。

所以，我想再次強調：不管大家聞思修行能力如何，一定要再再發下弘法利生大願。這一點極為切要！

問：上師經常教導我們要擔當弘法利生的重任。如果我們具備弘法利生的能力，那時主要弘揚寧瑪巴自宗的教法，還是弘揚漢傳佛教呢？

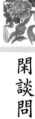

閑談問答錄

答：先應觀察所調化對境的因緣。假如他們不接受寧瑪巴的教法，那講《金剛經》、《心經》來利益眾生實際上是一樣的。

如果他們對藏傳密法有信心，則應先用他們能接受的佛法來打基礎，然後再深入一些密宗教言。當然，這也要視具體情況而定。

問：可不可以說「念佛法門就是聞解脫」？
答：可以，實際也是這樣！

問：密宗是純正的佛法，當我們身處不信密法的人群中，該如何護持密乘戒？
答：自己默默守護就可以，對別人不會有絲毫影響。守護密乘戒並不需要當眾唱歌、跳舞，也不需要公布於眾嘛！

問：如果寺院住持或當家師反對密法，發現我們供養密宗上師或本尊像，是否會帶來負面影響？
答：不要緊！我們修學密法，不捨棄上師是最根本的誓言，所以應當時時供養，再再祈禱。在一些顯宗道場，公開供養自己的密宗上師或本尊不太方便，則可將上師或本尊像夾在書裡，默默地行持意幻供養。實在不得已的話，也可將世尊像與上師像、本尊像合在一起，縱然

藏傳佛教問答錄

被人發現，只要對方是佛教徒，決不會把佛像撕爛的。

　　再說，伴隨顯密教法的普及，過去排斥過密法的人，也都漸漸有所改變。去年我去了杭州的幾個寺院，雖然他們對密法不感興趣，但來過學院的道友在寮房裡公開供養密宗佛像，也無人過問。我們都知道，上師如意寶是藏漢公認的大德，即使有政治地位的人，也對法王非常恭敬。在學院受過灌頂的許多道友，經常在漢地公開供養法王如意寶的像。其實，我們供養蓮花生大士、無垢光尊者、麥彭仁波切以及法王如意寶，就像漢地供養自己的歷代宗師一樣合理合法。

　　除了供佛像之外，我們也不應捨棄自己的修持，恆時默默地持誦咒語。這樣的供養和念誦又會影響誰呢？不論在漢地何處，令我們捨棄上師、捨棄密法的理由是不存在的。以前「文革」期間，手拿念珠或供養佛像者會馬上遭到嚴厲懲罰，那個年代的修行人，時時為恐怖氣氛所籠罩，但就是在那種可怕的環境中，仍有許多密宗行人默默念誦修持，最終獲得了殊勝成就。現在處於開放時代的我們，就算公開修持密法有些不便，但在房中默默供養、心中默默行持，應該也不會有什麼妨礙。所以，以後不管住在哪個寺院，修持密法都不會與任何人發生大的矛盾。

　　但如果你自己心中有障礙，那就不好說了。

閑談問答錄

問：普賢王如來、五方佛、釋迦牟尼佛之間是怎樣的關係呢？

答：普賢王如來、五方佛、釋迦牟尼佛三者一味一體，並非別別他體，他們僅是觀待不同有情而分別作的安立。

普賢王如來，乃心的實相本體，是法身佛。他並無報身、化身那樣的剎土，是五方佛面前所顯現的境界，並非凡夫六根識的所緣。冠以「普賢王如來」的名號，只是在我們分別心面前進行表示而已。

五方佛，是登地菩薩的境界，是報身佛。

釋迦牟尼佛，住持不清淨剎土，顯現於凡夫面前，是化身佛。

普賢王如來是無上密法的來源，對於他的本體，雖以言語無法詮釋，但並不等於虛無，他是甚深離戲、超離言思的真實存在。

問：釋迦牟尼佛是一個化身嗎？

答：對！世尊是以化身佛的形象來度化我們的。

問：伴隨著改革開放和西部大開發，藏傳佛教是否會受到其他宗教和外來文化的衝擊？

答：自古以來，藏傳佛教始終保持著純潔的傳統，並保留了許多古老道場，但這一切是否會受到衝擊，一方面看來很難說，因為在當今時代，西方文化已遍及世

界的每一個角落，尤其在強調文化多樣性的此時，藏傳佛教很有可能受到衝擊並捲入其中。現在國家撥鉅款支持西部開發、發展旅遊景點，所及之處必然受到不同程度的波及。由於眾生業力日趨深重，佛教受到衝擊也是正常現象。

但從另一方面來看，其他宗教的殿堂或場所，在藏地幾乎從未真正形成過。為什麼密法在藏地可以長盛不衰？首先源於密法本身的威力所致。自蓮花生大士入藏降伏外道及魔眾以來，密法被弘揚至雪域每一個角落，每一寸土地都獲得了加持。在這種情況下，即使有一些不同宗教進入並發展，也不會有真正的市場撼動藏傳佛教的穩固根基。更何況，藏傳佛教以自身的優越性，對未來發展的探索也從未停止過。

閑談問答錄

其次，以藏族人的特性來看，天生就不喜歡接受外來宗教。藏人對佛教尤其是密法的信仰根深蒂固，可以說 90% 信仰佛教。他們從小就念誦觀音心咒，懂得轉繞與祈禱，除了對佛陀的虔誠信仰以外，幾乎不可能信仰其他宗教。儘管現在也有年輕人去了漢地和國外，但據我所知，沒有一個純粹的藏族人後來改信了道教或基督教。只不過唯物論的影響還是比較嚴重，但是唯物論並非真正的外道，雖然它的見解類似於裸體外道，但不能算作真正的外道。

因此，其他宗教或文化要在藏人心中扎根，一段時

間內恐怕相當困難。當然，未來的漫長歲月中，藏人將變成什麼樣子？我作為一個凡夫人，也是很難預測的。

問：學院的師父們何時能回漢地弘法利生？

答：這要觀待每位道友的因緣而定。道友們的根基、意樂、聞思進度各不相同，有的可能要待久一點，有的則會稍短一些。但總的來講，在學歷圓滿以後，他們就會去漢地各寺院或佛教團體弘揚佛法。我們有兩種學歷：一種是六年制，這是一般學歷；一種是十二年制，這是特殊學歷。

我們不鼓勵道友們剛來不久就回去，因為聞思需要時間。當然這種情況也不太多，即使有，有些回去不久又回來了。我們也沒有規定：你們何時必須回去！沒有這種安排。上師如意寶住世期間就是如此，現在也不會改變。

問：死後被超度到極樂世界的眾生，生前都發過願嗎？

答：一般來講都發過願。即使有些沒有發過，但以他自身的福德力、與上師之間的因緣力，再加上上師不可思議的悲願及加持力，可強力將其超度至極樂世界。

問：有些眾生罪業深重，這樣能得到超度嗎？

答：要看這個上師。如果上師的加持力很大，那可以！

問：極樂世界有新生嬰兒嗎？

答：有啊！剛往生的都是「新生嬰兒」，但不會哭！《極樂願文大疏》中說：他們由蓮花苞中化生，身體無有大小、美醜等差別，一律具足金黃色，有頂髻等妙相隨好嚴飾，並具足五眼六通。

問：您對藏地的佛教發展充滿信心，還是對藏地的經濟發展充滿信心？

答：我對今後藏傳佛教的平穩發展充滿信心，對藏地的物質發展沒有信心。以前阿底峽尊者不是說過嘛，藏地是一個「餓鬼世界」，要想變成「龍王世界」，可能也不太現實。

問：現在西部大開發，有了好的馬路，也有許多飛機場，這樣便利的交通是否會令外來文化長驅直入？

答：所謂的西部大開發，我覺得對藏地也開發不了很多。交通的改善，只不過是在蘭州通了一條鐵路而已，至於飛機場，在雪山環抱的藏地，到底能有幾個也很難說。縣與縣之間確實通了柏油馬路，但從 50 年代以來就有車輛來回跑，新的路面似乎也難以帶來新的變化。再者，藏地的氣候不太適合外國人和漢族人居住。這麼冷的天

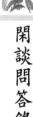

氣，你覺得什麼文化能在我們這裡有生長的餘地呢？

也許有人擔心藏地旅遊業會帶來一些新的文化。以前濟群法師就擔憂地問我：「我去過一些藏地寺院，他們也開始賣門票了，以後會不會像漢地那樣啊？」其實，賣門票也只是少數寺院，我的家鄉那裡有五百多座寺院，賣門票的一個都沒有。因此，短時間內，恐怕很難有其他文化真正進入藏地。

問：但有一種說法，精神文明必須建立在物質文明的基礎上，您怎麼看待？

答：兩個文明能平衡當然很好。但在物質文明極度猖狂的當今時代，精神文明早就被忽視、淘汰了。所以，現在需要真正的教育！

問：漢地很多人接受了密法灌頂，但往往修不下去，這是為什麼？

答：漢人的想法過於簡單。他們認為灌一個頂就可以修，修了以後馬上就能成就，但事實並非如此。沒有打下教理的基礎，連皈依、發心都不明白，修行是不會上路的。因此，初學者必須長期依止善知識，深入聞思教理。

然而，現在人往往欠缺這一點。他們喜歡吃「快餐麵」，求了黃財神的灌頂，立即就想發財、現前一些感應，

這就是他們所謂的「成就」。如今這種現象相當普遍，一下子扭轉過來比較困難。

其實真正修密法的人，不能急於求成，應當首重聞思顯宗教理。見解已經穩固後，出離心、菩提心生起時，再修密法則不會有任何困難。現在不僅僅是格魯派，寧瑪派的許多道場也開設了五部大論的聞思課程。所以，要想修習密法的話，以顯宗教理為基礎非常重要！

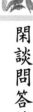

問：不學空性，能否往生呢？

答：如果信心具足，也可以往生。歷史上不是有很多老太太、老公公，從來沒有學過空性，但依靠念佛法門都往生了嘛！這主要是與阿彌陀佛的願力和自己的信心力有關。

問：作為凡夫，選擇極樂世界比較有把穩，那若是即生成就者，可否自由選擇剎土呢？

答：一般來講，即生成就者選擇哪個剎土都可以。但依照各自發願力的差別，趨往的剎土也會不同。

比如說，大圓滿傳承中的有些高僧大德，即生獲得大圓滿的果位後，也前往了極樂世界。而布瑪莫扎，他成就以後，暫時以虹身安住於世間，同時發願：「賢劫千佛皆成佛之後，我將到印度金剛座示現成佛。」

所以，以不同的發願力，聖者們所趨入的剎土也不相同。

閑談問答錄

問：在念佛時，印光大師提倡以心計數，不用念珠，對此應該如何看待？

答：印光大師開示的方法，不用念珠，只依靠心來計數，這需要一定境界才做得到。

問：那我們應該如何計數呢？

答：作為一般的修行人，用念珠計數，每天規定一個念誦數目很重要。比如你每天念兩萬阿彌陀佛聖號，然後就像藏傳佛教每個修行人所做的那樣，手拿一百零八顆的念珠，一邊念一邊撥。

以前我遇到一些漢地居士，他們手裡拿著念珠，我就問：「你們念了多少？」他們有的說「一直在念」，有的說「念了一些」，似乎沒有任何壓力。當然，計不計數也不是特別重要，就像憨山大師、華智仁波切所說：若僅僅重視念誦的數字，而不注重調伏自心，也沒有任何實義。但作為一般的修行人，我們還是應該對自己有一個約束。

當然，至於具體是否用念珠念佛，這要根據自己的根基。根基很高的人，不用念珠也可，但一般根基者，按規定數目用念珠計數，可能要好一點。

問：法王如意寶睡覺時念咒也可以計數，這是如何做到的？

藏傳佛教問答錄

答：上師睡覺時也在撥念珠，到了一百零八時還會特意計數，我想只有成就者才可以這樣任運行持。作為凡夫人，包括我自己在內，不要說睡覺時念咒，就算白天心很清淨時，念起咒來仍會胡思亂想，不用念珠的話，不到一百肯定就記錯了，又要返回去重新念。

總之，不管是漢傳佛教、藏傳佛教，用念珠來念佛持咒非常殊勝。像印光大師那樣已獲得很高境界的，不用念珠只靠自己的修行力也可以，但一般人還是很難如此行持。

問：您如何看待「短期出家」這一現象？

答：最近，我從一本佛學雜誌上看到了「短期出家」的文章，我覺得這種形式很好，也很感人。

在文章裡面，有位東北居士想短期出家，最初妻子不同意，但他說自己只是想種下一個善根。後來，他真的去了黃梅五祖禪寺作短期出家，在法師面前落髮以後，就過起了出家人的生活。有一次，許多居士問他：「請問師父，請書的地方在哪裡？」他特別不好意思，因為不是真正的師父，所以也不敢給人回答，就跑開了。七天的出家生活之後，他開始進行捨戒儀式，這時許多短期出家的人一直在哭。之後，他又重新穿上了在家衣服。

關於這一現象，泰國、新加坡比較多。但這種形式，可能許多藏傳佛教的大德不一定承認，以前上師如意寶

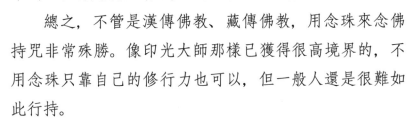

閑談問答錄

對此也未置可否。不過，以我個人的分別念來抉擇，如果有些人的確不具足終生出家的緣分，為了讓他暫時體驗一下出家生活，短期出家也有合理之處。而且，最後進行捨戒，這在別解脫戒中也有開許。

但有點疑惑的是，一切有部中，出家戒全是有生之年受持，並沒有「受持多少天」的這種儀軌。所以，我不太清楚他們用的是何種儀軌？不知有沒有充分的律藏教證依據？是否像八關齋戒那樣在佛經中有明確記載？如果真有這種合適的儀軌，那功德會非常圓滿，對很多人來講，確實也可以在相續中種下善根，並依此對出家生活有所了解，有很多好處和必要性。

以前我去泰國時，那裡短期出家的時間比較長，一般都是兩三年。當時漢地沒有這種現象，但最近幾年，有些寺院也在嘗試七天的短期出家活動。

藏傳佛教問答錄

問：漢地與泰國的短期出家，性質上相同嗎？

答：應該相同吧。不過，泰國沒有女眾的短期出家。

問：短期出家後再捨戒，是否會形成等流果，對後世的出家造成障礙？

答：那不會吧！比如我今生受了一日的八關齋戒，來世的異熟果和等流果都應該很好。

問：科學對人類起源的解釋，與佛教的說法有所不同，這該如何理解呢？

答：有人說人類起源於一百萬或數百萬年以前，也有人說人類只有一萬年的生存歷史。但這都是一些假說，是科學家們以各種儀器作為標準，依不同考古資料所作的推測。有誰現量見到人類起源於一百萬年以前呢？或者在哪一本書籍中，有當時古人所寫的「人類之史」的明確記載呢？因此，科學的認識最多只是一種假說，即使不去置疑他們儀器和推測的準確性，但「萬年」、「百萬年」，這種知見本身也過於狹隘。

佛陀認為，眾生無量劫來就始終存在，或轉生為人類，或墮落為旁生，恆時在六道中流轉不息。這是佛陀的現量所見，並非臆測之辭。許多大乘經典中也記載：佛以無礙智慧恆時觀照一切眾生，此世界眾生剛剛形成，彼世界眾生已轉向他方……因此，按照佛教的觀點，整個法界有無量無邊的世界，無量無邊的眾生。

那麼，到底多久前才有了人類、有了眾生呢？佛陀說是「無始」。

眾生無始以來就存在著，無始以來就流轉於輪迴，直至今日，乃至將來。

《釋迦佛廣傳》和其他顯宗經典中都記載：佛陀從因地起，歷經三大阿僧祇劫方圓滿佛果。所謂的「阿僧祇劫」，以《俱舍論》來解釋，是無可計數之意，而若

以數字計算，就是在一後面加六十個零。

科學家以萬年、百萬年來推算人類歷史，而《俱舍論》認為：成住壞空一大劫中，有八十個中劫。每個中劫，又有減增二劫，減劫當中，人壽從無量歲降至八萬歲，再從八萬歲每一百年減一歲，直至人壽十歲；增劫當中，又從十歲增至八萬，如是循環不已。對於這樣的人類歷史，最好的表示就是「大劫」。在佛教聖者中，阿羅漢可照見八萬大劫，諸地菩薩的所見又層層增上，而佛陀則可徹知本源。這些都是聖者們的現量所見。

眾生之所以如是流轉，皆以業感為因，有了如是之業，則導致轉生為狗、人等。《百業經》、《賢愚經》中多有這樣的記載：佛陀為眾眷屬宣說，此比丘於多少劫前曾造何業，以此業緣而於今世轉生為人，並於佛前出家。這些公案中的時間、事件，均是佛以智慧現量照見並如實宣說，並不用依靠什麼儀器，也沒有不可靠的推理揣測。因此，與科學相比，佛教是否更為科學呢？

問：什麼叫「現空雙運」？

答：蘊界處等一切諸法的基，即是現空雙運。比如我們人類見一碗水，餓鬼見為膿，地獄眾生見為鐵水，天人見為甘露……六道眾生雖各有不同所見，但它有一個共同的現分——光明。實際上，這個現分的本體仍為空性，這就是所謂的「現空雙運」。在聖者的根本慧定面前，

離戲大空性現前的同時，這個光明也是不離開的。

　　現空雙運這一本體，雖然以教理可以成立，

但無法在我們的分別心中建立。

　　問：對於「見修成正比」與「見比天高，行比海低」，應如何理解才互不相違？

　　答：所謂「見修成正比」，是指在理論上有怎樣的見解，才會攝持怎樣的修行，修行不會超越見解。

　　「見比天高，行比海低」，是指在行持的過程中，即使見解再高深，也不能廢棄最細微的取捨因果，正如蓮花生大士所云：「是故見比虛空高，取捨因果較粉細。」

　　要知道，即使見解再高，行持也應最低，即使見解是中觀空性見或無上大圓滿，行為上也應小心翼翼，從小乘的行住坐臥諸威儀和斷惡行善等取捨因果做起。在行持的過程中，行為不一定要跟隨見解，儘管見修行果成正比，但若不考慮周圍環境，以很高的見解去顯現超勝行為，他人可能會接受不了。當然，假如一點見解都沒有，只是在行為上「高」，別人更是受不了！

　　問：有人認為在懺悔方面，念阿彌陀佛與持金剛薩埵心咒無別，只要念佛就可以了。是這樣嗎？

　　答：佛經裡有沒有這樣的記載？

閑談問答錄

問：他說從究竟而言，二者是一樣的。

答：從究竟而言，阿彌陀佛的極樂世界也是空性，又何須念佛求往生？

觀待世俗的緣起，念修金剛薩埵心咒懺悔業障，是極為超勝的。儘管《阿彌陀經》中說過，念佛名號可以清淨罪業，《極樂願文》中也有類似教證，有些祖師大德還說：「即使造了五無間罪、謗法罪，只念阿彌陀佛，也有清淨的機會。」但作為一個修行人，最好的修行方式就是：傳承上師怎樣做，我們也怎樣做。這是非常可靠的！

傳承上師讓我們觀想金剛薩埵，念誦金剛薩埵心咒，那我們就應當如是懺悔。金剛薩埵於因地時曾發願：「我成佛時，凡持我心咒者，可令一切罪障皆得清淨，五無間罪與謗法罪，也能無餘清淨。若不清淨，我不取佛果。」

因此，我們應深信念修金剛薩埵的不共之處。雖然念阿彌陀佛是一種懺悔，發菩提心是一種懺悔，修習空性也是一種懺悔，但對一般凡夫來講，在不具這些超勝境界之前，念修金剛薩埵進行懺悔，是最可靠的！

問：有居士認為，學了大圓滿以後，最後仍要走禪宗之路。這種說法對嗎？

答：眾生的分別念無量無邊，我沒有時間一一回答。

藏傳佛教問答錄

問：他的想法是不是不太合理？

答：對！不合理。

問：那該怎樣勸導他？

答：好好地聞思修行。實學，實修，才能實證！

問：沒有菩提心可以往生嗎？

答：不可以。

問：那殺牛人在地獄相現前時，猛厲念佛即得往生；打鐵人在「叮噹」聲中念佛，命終也得往生，這怎麼解釋？

答：你怎麼知道殺牛人在猛厲祈禱時未生起菩提心？你怎麼知道打鐵人在「叮噹」聲中沒有菩提心？

問：頂禮哪一尊佛的功德大？

答：「頂禮哪一尊佛的功德大」，我在有關經典中並未見過。不過我想：不論你頂禮哪一尊佛，若能觀想十方諸佛菩薩與此佛同一本體，這樣修就很好。《釋尊廣傳》中也講過，要將所有忿怒、寂靜本尊等諸佛菩薩，全部融入一尊佛的本體中，而行頂禮。

聽說有些人在家裡設佛堂時，將藏傳佛教與漢傳佛教的佛堂分開，每一尊佛像前的供品也一定要相等，否則就好像過意不去。其實不需要這樣，只要對一切殊勝

閑談問答錄

對境都懷有清淨心供養，功德是平等的！

問：有位居士請了《大圓滿心性休息大車疏》，未經您開許，可以看嗎？

答：他看了還是沒有看？

問：已經看了。

答：看了以後再請示，不太合理吧！

問：那這個過失大嗎？

答：顯宗部分可以看，但密宗部分必須要得灌頂。如果他得過灌頂就可以看，不一定要開許。

問：粗大的五蘊怎麼樣轉變為清淨？

答：雲怎麼消於虛空中的？雲表示我們的身體，虛空表示法界。我們經常看到雲漂浮在虛空中，很漂亮、很好看，但以一些偶然的因緣，雲全部消於虛空中，為什麼？雲可以，我們的身體為什麼不可以？一樣的道理！

問：抉擇現空雙運，對我們最關鍵的指導在哪裡？

答：見、修、行都很重要。

藏傳佛教問答錄

問：那為什麼修的時候沒有提到顯現？

答：怎麼沒提到呢？所有的中觀修法，都不會離開現空雙運，絕不會只是一個單空的修法。如果你覺得這根柱子是空性的，但沒有顯現，這說明你還沒有懂得中觀的道理。

對於任何一法，雖然在原文中不一定提到它是現空雙運，但你在見解上要了知它是現空雙運，修行上也要修持現空雙運。全知麥彭仁波切在《定解寶燈論》中講得很清楚：見解上，離開顯現抉擇不出空性。見解若沒有抉擇好，怎麼修呢？在修行上，雖然見解已抉擇了現空雙運，但修的時候只修一個單空，這合理嗎？對格魯派的觀點，全知麥彭仁波切怎麼說的，你還記得嗎？

問：中陰身比活著的時候迷惑還是清醒？

答：蓮花生大士的教言及某些經典中說：一般來說，中陰身的意識要比生前敏銳七倍。當然，也有迷惑的情況。

問：一個人要往生，若有親人攔阻，怎麼辦？

答：進入中陰時，若有正見要往生，途中遇到有人來勸阻：「我是你的某某親友，你不能去啊！」「你應該考慮我們的痛苦，回來啊！」此時應想：這是我往生的一種障礙，不能聽他們的！然後就勇往直前。

喬美仁波切在《極樂願文》裡有一則比喻：往生極

樂世界時，對一切都不要貪戀，應像從網中解脫出來的老鷹一樣，義無反顧地沖向天空。

問：人在臨死之前，還需要有哪些準備？

答：如果有一些財產，則應盡量捨棄，比如用來供養僧眾、供養三寶等；倘若實在來不及，就從內心裡放棄，這也很重要！

有些阿彌陀佛的修法要訣中說：我們在臨終時，裡裡外外的死相已經出現，自己也知道肯定活不了了，那時候不要執著任何財產，也不要執著這樣那樣的東西，假如來不及捨棄，就在心裡想：「我從無始以來於輪迴中一直流轉，今生終於遇到了往生法，我一定要捨棄對眷屬、財產的貪戀，唯一希求往生！」

這就是上師們的教言，是非常重要的教言！臨死時，我們很可能貪著「我的親人」、「我的房屋」、「我的資具」等等，如果出現了這些念頭，就不可能真正往生。所以，不能貪戀任何事物，要全部放棄！

現在所學的教言，有些可能用在臨終時，有些用在中陰時，但不論是臨終還是中陰，大家都要盡量憶念這些教言並實際起用，這是相當重要的！

問：《寶鬘經》中說：「念誦文殊菩薩名號及心咒的功德，超勝於念誦千百萬億佛陀的名號。」這該如何

藏傳佛教問答錄

理解？

答：從不同的功德而言，某些佛號的作用也不相同。比如說，在臨死眾生的耳邊念誦「寶髻佛」名號，這個眾生就不會墮入惡趣，而其他佛號沒有這一作用。當然，並不是其他佛不具有這樣的功德，而是因為寶髻佛以不共願力所成就的這一功德，佛經中對此也作了宣說，對其他佛則未作明述。

同理，從開啟智慧而言，文殊菩薩的名號及心咒更為超勝。文殊菩薩雖現為菩薩身分，但實乃古佛再來。《寶鬘經》云：「文殊菩薩早已成佛。」《文殊菩薩淨土莊嚴經》中也說：「文殊菩薩以菩薩形象利益眾生。」另有經典言：「文殊菩薩於未來成佛。」由此可知，文殊菩薩是過去佛、現在佛、未來佛。同樣是佛，諸佛名號的功德自然平等一味，但從文殊菩薩因地不共的願力而言，若要開啟智慧，念誦文殊心咒的威力，決定超勝其他諸佛名號。

問：有些人破斥帶業往生，這合理嗎？
答：怎麼破的？

問：他說應該消業才能往生，帶業往生違背因果。
答：帶業應該可以往生。為什麼呢？因為即使你已得菩薩位，相續中還是有業，至少有所知障尚未斷盡。因此，帶業往生並非不成立，只不過按照某些淨土宗的

閑談問答錄

102

教言，帶業往生只能得下品位。

問：跟法王結緣的眾生都能往生極樂世界，請問是何時往生？

答：即生也可以，臨終也可以，中陰也可以，後世也可以。

問：什麼才叫跟法王結緣呢？

答：所謂的結緣，有各種方式。比如，按法王的要求念阿彌陀佛聖號、獲得法王的灌頂、得過法王的教授，以及對法王見聞憶觸等，這些都算是結緣。

問：與東方琉璃世界、兜率天、蓮師剎土相比，極樂世界是否有超勝之處？

答：從教證上來看，對於極樂世界，佛經中確有「持念阿彌陀佛名號，即可獲得往生」的字句，而兜率天、蓮師剎土、琉璃世界等剎土，佛經中沒有類似的明確記載。

從器世界來講，有些剎土不如極樂世界那樣莊嚴。比如，蓮師剎土在某些持明者面前雖顯現清淨無染，但從外觀上看，那裡就是一個羅剎世界；而兜率天，仍屬於三界中的欲界天，雖有彌勒菩薩等清淨聖眾，但也住有一些不清淨的眾生。東方琉璃世界儘管功德很大，與極樂世界一樣莊嚴，但要往生彼剎特別困難。

藏傳佛教問答錄

所以，歷來高僧大德所推崇的，多是極樂世界。

問：往生琉璃世界如何困難？是不是登地以上才可以？

答：有一部經專門講了琉璃世界的功德莊嚴，上師如意寶圓寂前的六七個月，曾讓一位堪布在身邊誦過這部經典。當時我也閱讀了一下，感覺在莊嚴方面，琉璃世界與極樂世界無有差別。

但要想往生這樣的剎土，是否需要登地，倒沒有聽說。只不過像極樂世界那樣唯念佛號即可往生，這樣的記載在經中沒有提及。所以，要往生到那裡，還是很困難的！

問：神秀大師說：「身是菩提樹，心如明鏡臺，時時勤拂拭，莫使惹塵埃。」六祖說：「菩提本無樹，明鏡亦非臺，本來無一物，何處惹塵埃？」對這兩首偈子，您怎麼看？

答：禪宗將身體喻為菩提樹，將心喻為明鏡臺，這些比喻非常好。神秀大師所體會到的，六祖大師所悟入的，都通過比喻很好地表達了。這種方式在藏傳佛教中也有，如蓮花生大士師徒之間的對話，就用過類似的比喻表達了如是見解。

關於這兩首偈子的意義，從抉擇空性的角度而言，第一偈的前兩句是抉擇見解，後兩句講修的光明；第二

閑談問答錄

偈則分別講了行和果。

此外，對《六祖壇經》的解釋，我覺得可以有不同方式，尤其是第二品，可從見、修、行、果或基、道、果方面來講。也就是說，結合中觀的抉擇方式來理解，可能會更好！

問：三界導師法王如意寶以大圓滿教主的身分，弘揚淨土法門的密意何在？

答：淨土法門出自了義的大乘經典，不管是密宗還是顯宗，都奉之為殊勝修法。作為利生廣大的大菩薩，法王如意寶這樣弘揚淨土法門，天經地義、理所當然，法王在做自己家的事，此舉實屬情理之中。

法王本人學修弘揚的，雖然主要是無上密法，但在藏傳佛教中，單學密宗而不學顯宗的傳統從來沒有，幾乎任何一個寺院都是顯密兼修。儘管法王已是大圓滿教主，但也發願往生極樂世界，他老人家從發願到往生之間，一直都強調並弘揚淨土法門。不僅如此，法王還培養了無數高僧大德，也在國內外勵力弘揚淨土法門。

因此，不管是漢傳佛教、藏傳佛教，大家都應遵循法王如意寶的意願：「顯密圓融互不排斥，共同受持如來教法。」只有如此，才算是真正荷擔如來家業。

問：在一些寺院的旅遊景點，常有賣印《心經》的T恤，這些衣服可以穿嗎？

藏傳佛教問答錄

答：不可以，有非常大的過失！衣服是用來遮體取暖的，而佛菩薩及經咒是要恭敬頂戴的，世尊說過：「末世五百年，我現文字相，作意彼為我，爾時當恭敬。」如果將文字印成的《心經》穿在身上當裝飾，可能只有不懂因果的人才敢這樣做。

現在這種現象比較普遍，許多廠家為了賺錢，就琢磨現代人求保佑的心理，投其所好，將佛菩薩像、《心經》、咒輪等做成工藝品，或者印在衣服上。以前也有人供養過我印《心經》的杯子、筆筒，但這些我都不敢用，也不知道該怎麼處理。

倘若這種趨勢不改，以後會不會將《心經》印在褲子上也不好說！

問：但穿上這種衣服，走在大街上，可以給看到的人種下善根。

答：種善根可以用其他方法，這樣做的話弊大於利。而且，你穿這種衣服，發心是否完全為利他也不一定。

問：如果有這些衣服或工藝品，應該怎麼處理？

答：盡量供在佛堂上，不要自己用！

問：定業經過懺悔之後，還會不會承受果報？

答：這個問題，要從大乘、小乘兩方面來分析：按

照小乘的觀點，所造的定業不可能轉變；但按照大乘的觀點，無著菩薩在相關論典中說，所造的定業是可以轉變的。

比如一個人造了五無間罪，依照小乘教典的說法，來生必定墮入無間地獄。但依據大乘的有關教言，通過四力懺悔或者依靠密宗的灌頂和依止壇城也可以懺淨，並且在懺淨之後，不會再受這種罪業的果報。即使有些罪業非常嚴重，只需在地獄中感受瞬間的痛苦，馬上也會獲得解脫。

問：平時應該如何打坐？眼睛要閉上嗎？

答：每個修法的儀軌、要求各不相同，所以不能一概而論。

有些法要求毗盧七法坐式，有些法要求眼睛微閉，有些法要求眼睛不能閉……不管修什麼樣的法，一定要按照高僧大德的教言去做。如果將這個法的儀軌與自己的分別念混在一起，就會有很大的過失！

問：為什麼念《心經》能遣除違緣？

答：因為《心經》所講的是空性精華。我們之所以會遭遇恐怖、災難、違緣等侵擾，其根本在於對人我和法我的執著，倘若證悟了無我空性，斷除了人我執和法我執，一切魔障就沒有猖狂的餘地了。

《心經》宣講的是最殊勝的般若空性，以此空性的威力，再加上《心經》的加持力，內外密的一切違緣都能被遣蕩無餘。所以，佛教中專門有《般若心經回遮儀軌》，裡面就講了往昔帝釋天怎樣祈禱、持誦《心經》，我們也如是行持的話，魔王波旬等一切違緣都會化為烏有。

問：往生的障礙有五無間罪和謗法罪，而《入行論》說過「菩提心如劫末火，剎那能毀諸重罪」，那菩提心是否可以摧毀這兩種罪呢？

答：真正生起菩提心的話，那可以！如果有了菩提心，五無間罪和謗法罪皆能得以清淨，從而往生極樂世界，獲得解脫。

問：在念佛持咒時，出現昏沉、散亂怎麼辦？

答：出現昏沉的話，不要坐在屋子裡，而應該到外面散一散步，稍微清醒以後再回來觀想。如果心向外散亂，則應稍微放鬆一下。有條件的話，最好在寂靜的地方，心專注地念誦和觀想，這樣效果會好一些，加持力也會更大。

總之，心不散亂很重要，心不昏沉也很重要，若能遣除這兩種障礙，念佛持咒才會事半功倍。

問：如果摧毀了佛像、佛塔、佛經，用什麼方法來

閑談問答錄

懺悔呢？

答：一般來講，這些罪業屬於近五無間罪，是非常嚴重的！智悲光尊者在《功德藏注疏》中說：「依靠三寶而造的罪業，叫做無與倫比的罪業。如果毀壞過佛像、佛經和佛塔，則應按照兩倍以上進行修復，然後再在三寶面前懺悔。」

比如說，自己以前毀壞過佛塔，就要造兩座以上比以前更殊勝的佛塔，造完之後再在三寶面前懺悔。懺悔的方式，最好是以四對治力念誦百字明或金剛薩埵心咒，在條件允許的情況下，應念十萬百字明或者四十萬金剛薩埵心咒。

假如能這樣行持，依據佛經裡的教證，應該可以懺悔清淨。

問：通過什麼方式才能得到傳承？

答：得到傳承必須要依靠聲音，不管你聽 MP3，還是看 VCD、DVD，聲音最好不要間斷。有些道友只看法本而沒有聽法，雖然可以領悟到一些法義，卻不能獲得真實的傳承。

所以，聽受聲音非常重要。無論是集體學習，還是個人學習，只有聽到傳法的聲音，才能夠得到傳承。

問：作為一個世間人，怎麼樣將世間法與佛法圓融？

藏傳佛教問答錄

答：嚴格來說，世間法和出世間法有許多相違之處，真正要做一個非常好的修行人，必須要看破世間的很多東西。

但若沒有這麼嚴格的要求，作為一個在家人，也可以將佛法與日常生活結合起來。比如說，每天對自己有一個要求，盡量念誦一些咒語、作一些觀想；同時，無論接觸任何人、在任何環境中，都應以慈悲心來對待；即使遇到一些坎坷不平，也能以佛教的教言提醒自己，看得比較淡，不去特別執著……這樣以後，就如《六祖壇經》所講的那樣，應該能做到世間與出世間的圓融。

其實，現在世間上也有非常了不起的修行人，一方面自己的修行特別好；另一方面，依靠佛教的慈悲教義，對社會乃至整個人類都做出了極大的貢獻。

問：在修行過程中，如何對待驗相呢？

答：驗相並不是很重要。我們如果通過修行，相續中的貪心、嗔心等煩惱減少，信心、慈悲心增上，這就是最好的驗相。除此之外，表面上能看到什麼東西、聽到什麼聲音，並沒有多大的意義。

學習佛法的時候，最好不要以求神通、求驗相為目的，而應該努力讓自相續變得善良，為了利益眾生發菩提心！

問：如何選擇與自己有緣的法門？

答：你對哪個法門最有信心，就說明你是哪個法門的所化眾生。比如你對淨土宗最有信心，那麼淨土宗就是你的有緣法門；如果對密宗最有信心，密宗就是你的有緣法門。因此，要想選擇與自己相應的法門，可以根據信心和歡喜心來決定。

問：現在有些「高僧大德」，常說自己是某某佛菩薩的化身，可以看到別人的前世後世，能否以此來判斷此人是假冒的大德？

答：我覺得他應該是個大德！因為只有大德才敢說自己的成就。

問：可是在密宗戒律裡，不是規定不能隨便說自己的境界嗎？

答：自己有的話，應該可以說。開玩笑！

不管是藏傳佛教、漢傳佛教，一個人若直接宣揚「我是某某大德的轉世，能與天人鬼神等經常交流」，這種行為在佛教中不太讚歎。不但不讚歎，而且真正有法相的上師，據我所知，不會宣揚自己的成就如何。因為真正的大德用不著自我宣揚，別人通過他的清淨戒律、超越智慧等，也能推知他的不凡。相反，假如一個人到處宣揚自己是某某的化身，這個人可能有一些問題。

不過，現在有些信眾比較愚笨，對具有法相的大德

不歡迎，卻成天圍著那些自我吹噓的人轉。包括在國外，這種現象也特別多。前段時間，有位修行人就說：「除了釋迦牟尼佛沒有轉世以外，其他的大菩薩、大成就者，如蓮師二十五大弟子、瑪爾巴、米拉日巴等，都已經出現了。如今的新活佛，都找不到自己的『前世』了。」這種說法比較諷刺，但確實令人值得深思。

實際上，真正的大成就者不太宣揚這些，如觀音上師、噶瑪巴、法王如意寶，根本不承認自己是誰的化身。法王如意寶曾謙虛地說：「有些授記中說我是列繞朗巴的化身，但我認為肯定不是，只不過是得到一些列繞朗巴的加持而已。」還有國外的觀音上師，也從來不說自己是第幾世、有多麼了不起的成就，他老人家在許多場合中，都說自己是藏傳佛教的一名普通僧人，只不過對釋迦牟尼佛有不共的信心。

通過這些智者們的語言，我們也可以看得出來，那些在外面拼命宣傳自己的人，應該值得好好觀察！

問：有些人先皈依顯宗師父，後來受了密宗灌頂，又擔心被顯宗師父知道，這種衝突應如何化解？

答：比較而言，老一輩大德與新一代大德的心態不太相同，由於和外面的交往比較少，有些老法師對藏傳佛教不太接受。

但近幾年來，藏地大德們不斷提倡放生、吃素、念佛，

閑談問答錄

有些法師也在直接或間接地了解藏傳佛教，就像以前的弘一大師一樣，雖然早年排斥過密宗，但後來逐漸認識到排斥密宗是不合理的。

從我幾十年的感覺來看，現在漢傳佛教的大德們對密宗的結緣、交往，跟過去是完全不同的。近年來，我去過淨土宗的東林寺，禪宗五祖、六祖的道場，發現新一代的大德們雖然沒有親自來過藏地，但原則上還是能夠接受密宗。即便有少數法師不能接受，但你自己可以暫時不說，悄悄地修法就行了。

問：如果很想學佛，但是家人非常反對，不讓供佛，白天工作又特別忙，這該怎麼辦？

答：所謂的學習佛法，不僅是形象上做一些事情，關鍵是要對佛陀有敬仰心。當然，每個人的情況各不相同，有些人雖然很想學習佛法、研究佛法，以大乘菩提心來利益眾生，但家裡和單位經常製造違緣，在這種情況下，自己應盡量抽時間來念經、看書、放生，道心永遠都不能退。

尤其是違緣越來越多時，發心越是要堅定。只要真正有信心，外在環境不一定能阻礙自己學佛。

問：人死了以後，應該為他做些什麼？

答：按照佛教的傳統，遺體最少在3天之內不能動，

藏傳佛教問答錄

在此期間，家人和道友應該為他助念阿彌陀佛、釋迦牟尼佛、觀世音菩薩等聖號。如果懂得其他儀軌，則應盡量為其念誦；如果不懂的話，一心一意念阿彌陀佛也非常好。

一般來講，人死了以後，在四十九天內，每天為他做一件善事、在耳邊念佛是不能斷的，這種傳統在顯宗、密宗中基本上都相同。

問：遺體柔軟是否就表示往生了？

答：也不一定。按照大乘的某些教言，判斷往生的標準，最好是看天象的變化，有些人的身體雖然僵硬，但也有可能往生了。

問：對學佛者來說，利益眾生重要，還是成佛重要？

答：華智仁波切在《現觀莊嚴論修法》中講過：「我們成佛實際上就是為了利益眾生，並不是獲得佛果後，自己過得快快樂樂。」學佛就是為了成佛，而成佛就是為了幫助天邊無際的眾生。

問：這樣的話，有些人破了密乘戒，我們是遠離他還是幫助他？

答：從究竟而言，利益眾生是最重要的。但暫時來講，當我們遇到一些不如法的眾生時，行為上可以遠離他，

閑談問答錄

114

否則若與之同流合污，對自己的見解、行為有一定影響。但心裡的願菩提心不能捨棄，智悲光尊者、無垢光尊者都講過：「對於這些惡友，千萬不能捨棄菩提心，但行為上盡量不要交往，自己沒有達到一定境界之前，與之交往的話，很可能令自己的見修退失。」對此，佛陀在諸多論典續部中也闡述過。

問：居士群體中可以建立佛學院嗎？

答：我認為可以。雖然在家人的瑣事比較多，但現在人為了達到世間的目標，尚且花很多精力和時間去學各種課程，那學習對今生來世都有利的佛法就更應該了。而且在漢地，現在學佛的在家人比較多，建立一個適合他們生活與行為的佛學院，為他們學佛創造一個良好的環境，能令許多居士從中得到極大的利益。

當然，他們的教師隊伍不能全部是在家人，而應該請出家人來擔任。如果出家人有能力、有智慧，也應為在家人專門建立這種佛學院。但至於具體操作，我本人沒怎麼思維過。

問：如果接了一個法，上師明確地說這個法每天必須修，但作為一個在家居士，每天事情比較忙，這該如何把握呢？

答：修此法對你調伏內心起到什麼樣的作用，這個

要值得觀察。再加上給你灌頂傳法的上師是不是公認的？他是不是按佛法的儀軌自己也在修？這些都要好好地了解。

問：如果今天沒有修，明天可不可以補上呢？
答：對任何一個法來說，這都是可以的。

問：我今天沒有修，明天也沒有補上，這會不會違背誓言？
答：可以第三天修嘛！（眾笑）

問：也就是說，不管怎麼樣，每天都要平均修一次？
答：對！

問：為什麼不必捨棄煩惱，而煩惱自解脫呢？
答：是這樣的。不管是禪宗還是密宗，根基比較好的人，都明白煩惱的本體是空性。比如生起猛厲的嗔恨心時，觀察嗔恨心到底在哪裡，是在身體裡、心裡，還是在外面……這樣一經觀察，嗔恨心當下就不存在了，若了悟到這一點，即是所謂的「煩惱自解脫」。但如果沒有認識的話，嗔恨心就是自相的嗔恨心，不能叫做「自解脫」。

閑談問答錄

問：米拉日巴尊者到牛角裡去避雨，他身體沒有變小，牛角也沒有變大，我不理解這是什麼樣的境界。

答：怎麼不理解呢？

問：好像超出我的想像吧。

答：這種境界就是超出我們的想像。《華嚴經》中說：一即是多，多即是一，一與多是一體的。在凡夫人的分別念前，這種說法似乎很不合理，但實際上，實相的境界不可思議，這種境界當中什麼都可以顯現，一個微塵上有十方諸佛菩薩也是可以的。

問：既然造業是自作自受，為什麼高僧大德可以替眾生帶業？

答：一般來講，自己所造之業不可能成熟於他處，佛陀在《百業經》中也說：「一切眾生之業不會成熟於器界的地水火風，也不會成熟於其他眾生的相續，而是成熟於自身的界蘊處，即所謂『縱經百千劫，所作業不亡，因緣會遇時，果報還自受』。」這是從總的業因果而言的。

但有些高僧大德、諸佛菩薩能替眾生帶業，是因為他們的加持力不可思議，在這種情況下，可以減輕眾生所受的痛苦。定業轉變的這些問題，智悲光尊者在《功德藏自釋》中有廣說，方便時大家可以看一下。

問：在工作中大家一起貪污受賄，別人都已經拿了，但輪到自己時，因為學過佛而不想拿，可這樣別人會嗔恨你，這時候該如何做？這個問題一直困惑著我。

答：你不要嗔恨就可以，盡量不要起煩惱！

問：但具體要怎麼做呢？是隨波逐流，還是如理如法去做？如果真的如理如法，這在世間中是很困難的。

答：沒事，首先有點困難，但慢慢會好的。你的行為若如理如法，一開始肯定有許許多多的人不理解，對你產生誤解、成見等等，但是到了一定的時候，他們會慢慢認可的。

問：自從學佛以後，周圍人有一些說法，我不知道該如何回答。

答：大概有什麼樣的說法？

問：他們說：「你為什麼要學佛？它能帶給你吃嗎？」

答：你可以反問：「人活在世間上，難道就是為了吃嗎？」

問：但這樣解釋的話，他們還是會有疑惑。

答：沒事，如果用道理給他們解釋，他們應該會理解的。但若連道理都不聽，那就沒有辦法了。學了佛以後，

肯定有人對我們不理解，但通過學佛自己獲得了今生來世的利益，以這種利益來感化別人，應該不是很困難！

問：為什麼捨棄了密法，就不能往生極樂世界？

答：密法是本師釋迦牟尼佛所宣講的最甚深、最精要的法門，可以說代表了佛法，若以嗔恨心來捨棄密法，依靠淨土宗的任何修法也不一定會成功。因為《阿彌陀經》、《極樂淨土莊嚴功德經》中皆說：捨法罪不能往生極樂世界。所以，不管是密法，還是其他宗派的法，假如隨隨便便地捨棄，今生想獲得往生是非常困難的。

問：有個人在念佛持咒時，經常出現對佛菩薩的不淨念頭，他自己也是特別恐懼，害怕墮入地獄，請問怎麼消除這種念頭？

答：什麼樣的不清淨念頭？貪心、嗔心還是癡心？

問：比如說，見到蓮花生大士像時非常害怕。

答：那沒有什麼吧。最好多念一些金剛薩埵心咒！

有些眾生前世沒有積累福報，今生經常出現一些不如法的邪念，這完全是自己的業力和妄執現前。了知這些念頭的來源之後，盡量地祈禱諸佛菩薩，進行懺悔，多看一些諸佛菩薩的傳記，了知諸佛菩薩浩瀚如海的智慧和悲心，再觀察自己有沒有這方面的功德，如果沒有

藏傳佛教問答錄

的話，憑什麼對他們生起不清淨的念頭？

　　所以，自己一方面要好好地懺悔，另一方面多觀想諸佛菩薩的功德，漸漸地，這種念頭會消失的。

　　問：在學佛的過程中，以什麼樣的心態來對待外道徒？

　　答：他們也是眾生，應該以慈悲心來對待！但是要知道，他們的宗教與佛法有著本質上的差別，故而見解上不能與他們混為一談。應將自己的見解先穩固下來，然後在行為上，以慈悲心來對待他們。

　　問：如果自己對佛教的見解還不穩固，那首先是穩固見解，還是幫助他們？

　　答：按照大乘修學的次第來講，見解一定要先穩固，如果沒有穩固的話，很有可能隨外境而轉，最終陷入無法自救的深淵中。

　　當然，見解穩固並不意味著要獲得很高的境界或者成就，倘若你身處人群或外道團體中，對三寶、佛教的信心永不退轉，達到這樣的境界時，我認為就可以盡量地度化眾生、幫助身邊的人了。

　　問：藏傳的「淨土四因」與漢傳的「事持理持念佛」，如何融到一起呢？

閑談問答錄

答：不同的念佛方式不一定非要合在一起，儘管彼此並無相違之處。

漢地歷來重視念誦，雖然佛經中宣說了受持、念誦、為他人說等十種法門，但許多漢地寺院似乎只強調念誦。不管去到哪個寺院，大家早晚都在念佛，而心之受持、觀修或為他人說法，卻少有人行持。儘管漢地有許多念佛法門的教言，但真正能受持講聞的人並不多。而藏地歷來重視見解的抉擇，這樣的「淨土四因」，也不一定要與漢地念佛方式結合起來。

要知道，不同的傳承，有不同的功德和加持！

問：現在外面魚龍混雜，如果遇到不太好的上師並已接上法緣，後來又不小心誹謗了，那能不能懺悔？

答：這要看自己的懺悔程度。如果誠心誠意懺悔，應該可得以清淨。

問：通過金剛薩埵、《普賢行願品》都可以嗎？

答：對！

問：有些人將自己的身口意供養給上師。身體供養上師的話，可以幫上師做事情、按上師的意願修善法，但語言和意識怎麼供養上師？

答：遵循上師所傳的教言，語言盡量說利益眾生的

話語，心裡經常憶念利益眾生的事情。

在身口意三門中，意識是最關鍵的！

問：有位大德說「禪宗是顯宗的大手印」，您是如何看待禪宗的？

答：我說「禪宗是顯宗的大圓滿」！因為這位大德是噶舉派的，我是寧瑪派的。（眾笑）

問：顯宗的大圓滿和密宗的大圓滿有什麼不同？

答：顯宗的大圓滿不用灌頂！

問：那在見、修、行、果方面呢？

答：一般而言，在直指心性方面，禪宗有非常甚深的教言，這一點從很多證悟者的公案中也可以看出。但現在修禪宗的人有一些誤區，有人一聽說「萬法了不可得」，就連世俗中的因果正見都捨棄了，沒有開悟反而認為開悟了，這種現象不太可取。

我剛才是開玩笑，密宗和禪宗在見、修、行、果上還是有很大差別，並不僅僅在於灌頂。密宗本身有些超勝的境界，二者要一模一樣，恐怕是不行的。但禪宗與密宗也有相同之處，比如《大圓滿禪定休息》中一些明樂無念的境界和覺受，在禪宗的書裡基本上也找得到。因此，「禪宗是顯宗的大手印」，這樣解釋應該是可以的。

閑談問答錄

122

因為大手印有顯宗、密宗之分，顯宗部分不需要灌頂，通過四種瑜伽將心一緣安住，這種境界如同法王如意寶在《直指心性》的前行中講的那樣，從起現分別念的角度來講，要觀察心的來源、住處、去處；從安住的角度來講，通過大手印來安住自己的心。所以，沒有經過大圓滿的正行灌頂，這一點也是可以修的。

如果按傳承上師的教言，禪宗屬於大圓滿前行中寂止的一種修法，也就是說，還沒有正式修大圓滿正行之前，心要修持安住一緣，這在《六中陰》、《禪定休息》中均有闡述。當然，這種修法，對某些利根者來講，在安住心性的當下就可能獲得開悟。

藏傳佛教問答錄

問：怎樣以清淨心來調服自相續？

答：在佛教中，觀清淨心是很重要的。阿底峽尊者曾說：「三個人當中，一定有境界非常了不起的修行人，諸佛菩薩會顯現各種身相調化眾生。」我們平時覺得這個人很壞、那個人精神不好……很有可能面對的是諸佛菩薩的化身。因此，對任何一個眾生，包括路邊的旁生，我們也應當觀清淨心，將其視為諸佛菩薩的化身。

作為一個凡夫，有時候心態很難調整，這是我們每個人的通病。但如果以佛經的道理來經常要求自己，久而久之，心是可以改變的，清淨心的範圍也會越來越廣。

當然，想做到這一點，關鍵還是靠自己的長期精進！

問：《前行》中說：「獲得密宗灌頂，比獲轉輪王位還難得。」但現在有些人沒有皈依就去灌頂，後來又誹謗捨棄上師，這樣的話，給他灌頂是利大還是弊大？

答：沒有守誓言的話，過失相當大！戒律中也講過：「如果對方不知取捨而隨便賜予灌頂，猶如將寶劍交給屠夫讓他殺生一樣，過失極為嚴重。」

問：對初學佛的人來說，依止一位上師好，還是依止多位上師好？

答：法王如意寶曾說：「如果清淨心觀得非常好，依止的上師應該多多益善，就像阿底峽尊者一樣。但若在依止的過程中，喜歡看上師的過失，經常產生各種邪見，那依止的上師越少越好。」

因此，依止上師的數量多少，關鍵在於你的信心和清淨心。

問：什麼才叫依止上師？是不是一定要見上師？

答：真正的依止上師，就是自相續中得到了佛法的利益。如果不懂佛法的話，依止了多少個上師也沒有用。

我認為，見不見上師並不是特別關鍵，最關鍵的是將上師所傳的法首先弄明白，然後在實際行動中去行持。如果你真正得到了佛法的利益，那麼見上師也可以、不見上師也可以，從這個角度而言，這就是依止上師。

許多高僧大德的傳記中常記載：他們並沒有見過上師，但依靠上師的教言，最終獲得了究竟的證悟。所以，見不到上師不是特別重要，最重要的是依靠上師通達佛法的意義。

問：受了菩薩戒的在家居士，怎麼樣取捨細微的因果？

答：首先，要了知佛陀在有關經典中規定的菩薩戒條。假如不了知菩薩戒的根本學處、細微的支分學處，在日常生活中就根本沒辦法取捨。

然後，不管是學顯宗還是學密宗，即使自己的證悟、見解非常高深，取捨因果也不能輕易捨棄，在緣起規律上，「善有善報，惡有惡報」是亙古不變的原則。蓮花生大士也說：「縱然見解比虛空還高，取捨因果也要比粉末還細。」當然，具體怎樣取捨因果，關鍵還是看修行人自己。

總之，大家先要懂得所有的戒律，對佛陀具有無比的恭敬心，然後在此基礎上，盡量護持一切學處。假如不慎違越了，則應當去勵力懺悔。

問：如何判別相續中的菩提心是真實的，還是相似的？

答：這個界限比較好分。菩提心有世俗、勝義兩種，勝義菩提心遠離一切戲論，這是凡夫人難以獲得的。但

世俗菩提心卻比較容易，如果沒有別人勸你，你做任何事情都會想到：「我要度化眾生，讓一切老母有情獲得佛果，為了他們我要精進努力。」這種沒有造作的心一旦生起來，或者心心念念在這種心態的攝持下，就說明我們相續中生起了菩提心。但如果你只是偶爾想一下眾生，大多數時間都是自私自利，這不叫真實的菩提心。

打個比方說，一個員工不願意在某公司幹了，下定決心要離開了，這叫做出離心；而在工作的過程中，時刻想要度化眾生，除此以外，再也沒有其他的事情了，這就是菩提心。因此，我們到底有沒有生起菩提心，通過這個比喻可以衡量。

問：既然一切眾生本來是佛，又怎麼會有眾生呢？

答：從實相而言，一切眾生本來是佛，這在《楞伽經》、彌勒菩薩的《寶性論》中均有明確宣說。但從現相來講，眾生在沒有了悟心性之前，被無明迷亂所障，跟佛陀之間有天壤之別。

密宗中也有一個比喻：就像流落街頭成為乞丐的王子，雖然他的種姓尊貴，將來會成為一國之君，但現在卻身無分文、窮困潦倒。儘管如此，有朝一日他回到王宮、登上王位之後，本體上跟現在的乞丐無有任何差別。

同樣的道理，眾生在實相上與佛無二無別，但就現相而言，眾生被迷亂實執所縛，認為「夢裡明明有六趣」，

閑談問答錄

126

可是一旦夢醒過來，才曉得「覺後空空無大千」，自己所執著的一切根本不存在。

對此若欲進一步了解，不妨翻閱《入中論》、《寶性論》等教典。

問：您對外面的在家居士有什麼看法和期望？

答：他們非常需要佛教的基礎教育！有些居士本身很有信心，上師怎麼樣說，他們還是很聽話的。但我始終有種感覺：好多上師只是為了自己的利益，並沒有認真地教他們。

作為上師，應該學會關心弟子，這種關心並不是給一個東西安慰安慰，而是要給他們佛法的利益。如果自己有能力，應開示一些取捨的道理，讓他們守持哪怕一分以上的居士戒。在此基礎上，再學習一些知識，修一些簡單的法，如金剛薩埵、阿彌陀佛，每個人應該有自己專修的法門。

現在很多居士相當不錯，但可惜的是，佛教基礎太差了。如果懂得佛法的話，以他們的能力組織一些大大小小的團體，在社會上盡量宣揚佛教的真理，以佛法去影響別人，對社會應該非常有利益。

以現在的情況來看，在家人的文化素質比較高，他們通過各種方式傳播佛法還是很有能力的，儘管即生中沒有出家的因緣，但也可以成為一個很好的佛教徒。如今，

藏傳佛教問答錄

美國有很多在家

　人舉辦的佛教中心，對整個佛教的影響相當不錯。中國以前因為種種原因，這方面不是特別提倡，但我希望現在的居士們盡可能建立自己的學佛團體，此舉對自他有極大的意義！

　問：現在有些女居士，對高僧大德的恭敬心有點過頭了，對此您有什麼看法？

　答：外面的女居士們，有些對上師的信心比較大，也有些比較痛苦——

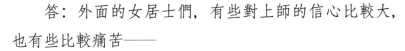

　前段時間，一位女居士跟她的上師開車到九寨溝，去的時候一路上談笑風生，但到了那裡以後，她不小心看到上師手機裡有些不太正常的信息，心裡就非常不高興，在最美的風景區裡，她的哭聲是最大的。那位大德也十分尷尬，雖然住的是高級賓館，但感覺上非常痛苦。那個女居士特別傷心，到處說這個上師不要說大悲心，連做人的基本道德都沒有……誹謗得很厲害。前不久，台灣幾家電視台也公開揭露有些上師的不如法行為，一些女弟子在記者面前發了言，給藏傳佛教帶來了一定的負面影響。

　通過這些小範圍的信息了解，現在有些女居士跟藏傳佛教某些上師的關係，的的確確不太合理，今後這方面若不改善的話，恐怕會直接或間接影響整個藏傳佛教。

當然，短時間內馬上改變也有點困難。1993年法王如意寶去美國時，當時的美國就像現在的中國一樣，凡是去美國的出家人，出家身分幾乎都保不住了。因此，去漢地傳法的藏地大德們，如果沒有正知正念，可能會有各種各樣的情況發生。

對我而言，這種事情並非喜聞樂見，畢竟藏傳佛教在漢地開花結果很不容易。在學院聞思多年的道友應該知道，真正的藏傳佛教是純潔無垢的。然而，這樣無垢的佛法，也許就被個別「上師」染污了。

所以，女弟子在依止上師的過程中應該保持清淨心。前段時間我講課時說過：「現在有些女居士，信心和感情分不清楚，上師和丈夫分不清楚……」事後我對這些話有點後悔，但自己經常聽到外面的一些事情，抱著對佛教負責的態度，也想發表一下內心的看法。當然，我沒有名聲，也沒有地位，只是在小

範圍內講，不一定起到很大的作用。但如果不講的話，有些人就因為不注意，最後對佛教產生邪見，毀了自己的今生來世。

因此，在學佛的過程中，女居士應該在各方面注意，除此之外可能也沒有萬全之策了。

問：自己平時什麼都不修，死時將希望全寄託在上師身上，是否可以獲得往生？

答：假如上師是非常了不起的大成就者，通過他的殊勝加持，再加上自己的前世因緣，可能會產生一些奇蹟。但一般來講，最保險的方法，還是按照佛法的次第，在自己沒有死之前，該修的法一定要修，尤其是臨終時想解脫的話，必須要修往生極樂世界的捷徑法。如果你相續中具有正見，對極樂世界有不退轉的信心，依靠這種捷徑法門，必定可往生極樂世界，這是佛陀的無欺之語。

雖然將希望全寄託在上師身上也有一定的好處，但佛陀常說：「我為汝說解脫之方便，當知解脫依賴於自己。」大家最好還是按照佛陀或上師的教言，自己踏踏實實地修行！

問：怎樣在最短的時間內，將上師的一切智慧融入自己的相續？

答：按高僧大德的傳記中所講，要對上師具有無比的信心，將上師視為佛陀來對待。噶當派的金厄瓦格西說過：「心臟是身體的核心，除去心臟的話，身體就成了一個血淋淋的肉團。同樣，上師瑜伽是所有修法的核心，沒有了上師瑜伽，一切修法皆無法成功。」《華嚴經》亦云：「善男子，汝當令善知識生喜，以此可盡知福德與非福德資糧，故能盡除一切流轉輪迴之因。」又云：「善男子，如是依止承侍善知識，則恒常回憶宿世、利樂眾生、值遇諸善知識、成就地道殊勝等持。」

閒談問答錄

因此，將上師智慧融入自相續的最快方法，就是修持上師瑜伽！

　　問：剛入佛門的修行人，應該看什麼書？
　　答：《大圓滿前行》和《入菩薩行論》。

藏傳佛教問答錄

尊勝塔